Para Mi
Hijo que mucho
Amor; lee este
libro despacio y
detenidamente y
que es super
para Nuestras ...

06 - 0?

Adria

La culpa es de la vaca

La culpa es de la vaca

SELECCIÓN Y PRÓLOGO

JAIME LOPERA GUTIÉRREZ
Y MARTA INÉS BERNAL TRUJILLO

intermedio

Director editorial: Alberto Ramírez Santos
Editora: Mónica Roesel M.
Producción: Ricardo Iván Zuluaga C.
Diseño y diagramación: Claudia Milena Vargas López
Diseño de carátula: Diego Martínez Celis

Licencia de Intermedio Editores Ltda.
para Círculo de Lectores S.A.
Calle 67 N° 7-35 piso 5to
Bogotá, Colombia

Impresión y encuadernación: Stilo Impresores Ltda.
Calle 166 N° 20-60, Bogotá, Colombia
ISBN: 978-958-8227-05-4

CONTENIDO

Prólogo

Hace algunos años tuvimos la idea de hacer una compilación de anécdotas, parábolas, fábulas y reflexiones organizacionales, como una contribución a la pedagogía de los procesos de transformación. Estábamos pensando entonces en los agentes de cambio: profesores, predicadores, asesores, conferencistas, entrenadores en ciencias del comportamiento y muchas otras personas que trabajan para tocar los corazones con mensajes de tolerancia, respeto, amor y paz. Así nació *La carta a García y otras parábolas del éxito*, como una expansión intelectual de dos personas que, por más de treinta años, se han dedicado a pensar en la forma de iluminar las mentes y los corazones de otros, para ayudarlos a conducir mejor sus vidas. Esa idea se transformó en un éxito editorial.

No estamos sorprendidos. Mucho menos después del 11 de septiembre de 2001, fecha a partir de la cual el mundo no será el mismo. La historia ha dado un giro total: la nueva realidad —Nueva Era, Era de Acuario, tiempo del genoma humano, como se la quiera llamar— ya está aquí. Nada de lo que el hombre conocía seguirá siendo igual. Todo es relativo, todo está en duda; las que fueron verdades inmutables pasaron a ser hipótesis.

Hay, entonces, una nueva manera de pensar. Pero los seres humanos, en especial los adultos, tenemos serios problemas para cambiar nuestro pensamiento. Recurrimos siempre a los mismos propósitos, llegamos a las mismas conclusiones, nos resistimos a percibir la evidencia. Las certezas se nos presentan, pero nuestra mente es capaz de hacer un argumento perfecto para probar lo contrario.

Las personas somos lo que pensamos. Por lo tanto, si queremos ayudar a los demás a ser y a comportarse de manera diferente, tenemos que ayudarlos a pensar de manera diferente. Si deseamos propiciar ambientes en los cuales la tolerancia y la cooperación sean las fuentes del sentir, del pensar y del actuar, debemos revisar el pensamiento lineal, lógico, de la corteza cerebral. Se impone el pensamiento holístico, intuitivo. De allí surgió la idea de realizar esta nueva compilación: *La culpa es de la vaca.*

¿Por qué este título? Porque solemos actuar como lo señala la historia del mismo nombre, la primera del libro: si no encontramos fácilmente un culpable de las cosas que nos pasan, somos capaces de responsabilizar a un animal, al destino, al horóscopo, a otras personas, a lo que sea, con tal de no comprometernos con el cambio.

El miedo a este compromiso es de tal magnitud que sólo pensamos en el cambio como una exigencia para los demás: quien debe cambiar es mi pareja, mi jefe, el gobierno, el neoliberalismo, el establecimiento... Todo y todos, menos yo; soy perfecto y no necesito cambiar nada. El problema, cualquiera que sea, es de los demás, no mío.

Pensar, sentir y actuar en estos términos es la mejor manera de pasar por encima de los problemas, llenarse de fundamentalismos y convertirse en un *egoadicto*. Por eso nada cambia. Porque cada día cobra mayor claridad la frase del conde de Lampedusa en su novela *El gatopardo*: "Es preciso que todo cambie para que todo siga igual".

Recientes investigaciones sobre el aprendizaje coinciden en afirmar que el adulto desarrolla menos resistencia al cambio si no trabaja con el pensamiento lógico y lineal sino con el pensamiento lúdico y creativo. Otra vez el tema de los hemisferios cerebrales, la racionalidad y la intuición, los pensamientos y las imágenes, la filosofía y la poesía.

Entonces parece necesario darle al cerebro estímulos distintos a los que le hemos dado siempre, cambiarle los parámetros de funcionamiento, exigirle que use otras partes, inventar nuevos paradigmas. Por eso creemos que las imágenes que evocan las parábolas y anécdotas, el reto que plantean las alegorías, el alimento que ofrecen las buenas reflexiones, invitan a la mente a pensar distinto, a absorber otros mensajes, a llegar a conclusiones que no están a la vista de lo que llamamos razón.

La sabiduría del género humano está contenida en parábolas, anécdotas, fábulas, máximas e imágenes que *siempre* nos dejan en silencio, al abrir en nuestro interior un paréntesis que lleva a la reflexión. Ese es el sentido de los textos que aparecen en nuestro anterior libro y en este. Se trata de respuestas distintas a problemas que no fuimos capaces de resolver; de alegorías que arrojan nueva luz sobre las cosas. Mientras más personas las lean, las repitan, las transmitan, las compartan y las sientan, se afianzará con mayor fuerza una nueva manera de pensar, sentir y actuar.

❖❖❖

Todavía nos preguntan por la famosa "carta a García", considerada la madre de las narraciones gerenciales y uno de los textos modernos más difundidos en el mundo. Fue escrita el 22 de febrero de 1899 por Elbert Hubbard con el fin de estimular a los inactivos y a los pesimistas a dedicarse con entusiasmo a la acción, sin contentarse con hacer únicamente lo más fácil o aquello por lo que se les paga.

La idea brotó de los labios del hijo de Hubbard, Bert, quien durante un almuerzo, mientras comentaban la guerra de independencia de Cuba, exclamó: "Papá, el verdadero héroe de esta guerra fue el que le llevó la carta a García. Sí, porque aquel hombre, Rowan, fue quien en la hora oportuna, decisiva y culminante, llevó al general García, el jefe de los patriotas cubanos, la carta que lo conduciría al triunfo. Sin esta carta del presidente MacKinley quizás la independencia no se habría logrado".

Esta frase iluminó como un rayo la imaginación del escritor. "Sí, tienes razón, hijo. El héroe es siempre aquel que en cada momento ejecuta con precisión y entusiasmo lo que tiene que hacer. Es el que lleva la carta a García".

Hubbard corrió a su escritorio, redactó de un tirón el famoso documento y lo envió a la revista *Philistine*. Allí no le dieron mucha importancia, incluso lo publicaron sin encabezamiento ni título. Pero el mismo día y en los días siguientes empezaron a llover pedidos de aquel ejemplar de la revista. Uno pedía una docena de ejemplares; otro cincuenta, otro cien. Hasta que llegó una carta de la revista *American News* pidiendo mil ejemplares de la revista. El editor le preguntó a uno de los ayudantes qué era lo que había levantado tal polvareda y oyó con asombro la respuesta: "Ese artículo que publicamos acerca de la carta a García".

A la semana siguiente, el escritor mismo recibió un telegrama de Nueva York pidiéndole cien mil ejemplares del folleto, una cantidad asombrosa para la época. A los dos años, la "carta a García" había sido publicada en más de doscientas revistas y traducida a cuarenta idiomas. Se calcula que hasta el día de hoy se han impreso más de cuarenta millones de ejemplares. Pocos escritos han logrado un éxito tan formidable.

❖❖❖

Para ayudar al lector a sacar el máximo provecho de este libro de narraciones gerenciales y vitales, nos parece importante aclarar algunos conceptos, con la ayuda del *Diccionario de la Lengua Española* de la Real Academia:

Alegoría. Ficción en virtud de la cual una cosa representa o significa una cosa diferente.

Anécdota. Relato breve de un hecho curioso que se hace como ilustración, ejemplo o entretenimiento.

Fábula. Ficción artificiosa con que se encubre o disimula una verdad. Composición que, por medio de una ficción alegórica, y de la representación y personificación de seres irracionales, inanimados o abstractos, da una señal útil o moral.

Moraleja. Lección o enseñanza que se deduce de un cuento, fábula, ejemplo, anécdota, etcétera.

Parábola. Narración de un suceso fingido del que se deduce, por comparación o semejanza, una verdad importante o una enseñanza moral.

Al desarrollar este libro nos hemos debatido entre dos opciones: la presentación escueta de los contenidos o la incorporación de reflexiones nuestras o de otras personas, para orientar la lectura hacia una idea específica. A este respecto, ha sido muy interesante la opinión de los lectores de nuestro primer libro. Muchos nos han sugerido que no demos indicaciones acerca del uso de los textos, señalando que es más útil dejar que cada uno, en su propio contexto personal y social, analice, oiga, transmita y aproveche el mensaje con plena libertad, dejando que su mente y su corazón reciban el sentido original —no prestado o sugerido.

Para la segunda edición de este libro tomamos una tercera vía. Al final de los textos introdujimos preguntas con el objetivo de inducir reflexiones en nuestros lectores, de forma indirecta, dando espacio a la idiosincrasia de cada país o comunidad. Así, cada uno podrá formularse nuevas cuestiones según su medio.

Algunas de las lecturas aquí compiladas tienen una fuente bibliográfica cierta. Sin embargo, y a diferencia de nuestro anterior libro, la mayoría son colaboraciones recibidas vía Internet. El rigor con relación a las fuentes que quisimos tener en *La carta a García y otras parábolas del éxito* se vio desdibujado esta vez por el fenómeno de la difusión en la red mundial. La propiedad de los textos a menudo se pierde en el fárrago del correo electrónico, al punto que puede resultar imposible seguirles la pista. Nosotros mismos hemos visto versiones de nuestro anterior libro circulando en la red sin ninguna referencia a los autores ni a los compiladores.

Creemos que nuestro mayor aporte es la selección de los textos y, asimismo, las enseñanzas que estas lecturas les han dejado a miles de personas quienes ahora son mejores. Hemos visto este efecto en las presentaciones de nuestros libros, en conferencias y a través de Internet. Queremos contribuir a generar el tejido social y moral que el mundo necesita. A falsos valores como el dinero y el dominio queremos, mediante estas anécdotas e historias, oponer valores inmutables tales como la compasión, la perseverancia, la comprensión y el amor, entre otros. Nuestros editores lo entienden así y por ello les estamos agradecidos.

Agradecemos especialmente a los consultores y amigos, a la red de los Clubes Rotarios en América Latina, Rotolatinos; a nuestras familias, alumnos y clientes por el ánimo que nos han dado para este segundo esfuerzo, convencidos de que es un trabajo colectivo en favor de un nuevo humanismo.

JAIME LOPERA GUTIÉRREZ
MARTA INÉS BERNAL TRUJILLO

LA CULPA ES DE LA VACA*

*Este texto, cuyo resumen fue publicado
originalmente por el profesor Fernando Cepeda
en su columna habitual de
El Tiempo, es una excelente demostración
de una conducta muy nuestra relacionada
con la ramificación de la culpa.*

Se estaba promoviendo la exportación de artículos colombianos de cuero a Estados Unidos, y un investigador de la firma Monitor decidió entrevistar a los representantes de dos mil almacenes en Colombia. La conclusión de la encuesta fue determinante: los precios de tales productos son altos, y la calidad muy baja.

* Michael Fairbanks, "Cultural Matters: How Values Shape Human Progress", en Lawrence E. Harrison y Samuel P. Huntington (eds.), *Changing the Mind of a Nation. Elements in a Process for Creating Prosperity*. Nueva York, Basic Books, 2000, pp. 268-281. Contribución personal de Fernando Cepeda Ulloa.

El investigador se dirigió entonces a los fabricantes para preguntarles sobre esta conclusión. Recibió esta respuesta: no es culpa nuestra; las curtiembres tienen una tarifa arancelaria de protección de quince por ciento para impedir la entrada de cueros argentinos.

A continuación, le preguntó a los propietarios de las curtiembres, y ellos contestaron: no es culpa nuestra; el problema radica en los mataderos, porque sacan cueros de mala calidad. Como la venta de carne les reporta mayores ganancias con menor esfuerzo, los cueros les importan muy poco.

Entonces el investigador, armado de toda su paciencia, se fue a un matadero. Allí le dijeron: no es culpa nuestra; el problema es que los ganaderos gastan muy poco en venenos contra las garrapatas y además marcan por todas partes a las reses para evitar que se las roben, prácticas que destruyen los cueros.

Finalmente, el investigador decidió visitar a los ganaderos. Ellos también dijeron: no es culpa nuestra; esas estúpidas vacas se restriegan contra los alambres de púas para aliviarse de las picaduras.

La conclusión del consultor extranjero fue muy simple: los productores colombianos de carteras de cuero no pueden competir en el mercado de Estados Unidos "¡porque sus vacas son estúpidas!"

¿Cuántas veces hemos remitido nuestra responsabilidad a los demás?

¿La culpa de nuestros problemas es de los animales, los sistemas, la suerte o de nosotros mismos?

¿Cuáles son los efectos de nuestros actos?

¿Qué cambio habría en el mundo si todos asumiéramos nuestras responsabilidades con compromiso y valor?

Asamblea en la Carpintería

La conclusión del consultor estribaba en que muy carrera de cuero no podía competir con el mercado de Bandol Dynalix "porque sus precios son carísimos."

Hubo en la carpintería una extraña asamblea; las herramientas se reunieron para arreglar sus diferencias. El martillo fue el primero en ejercer la presidencia, pero la asamblea le notificó que debía renunciar. ¿La causa? Hacía demasiado ruido, y se pasaba el tiempo golpeando.

El martillo reconoció su culpa, pero pidió que fuera expulsado el tornillo: había que darle muchas vueltas para que sirviera de algo.

El tornillo aceptó su retiro, pero a su vez pidió la expulsión de la lija: era muy áspera en su trato y siempre tenía fricciones con los demás.

La lija estuvo de acuerdo, con la condición de que fuera expulsado el metro, pues se la pasaba midiendo a los demás, como si él fuera perfecto.

En eso entró el carpintero, se puso el delantal e inició su trabajo, utilizando alternativamente el martillo, la lija, el metro y el tornillo. Al final, el trozo de madera se había convertido en un lindo mueble.

Cuando la carpintería quedó sola otra vez, la asamblea reanudó la deliberación. Dijo el serrucho: "Señores, ha quedado demostrado que tenemos defectos, pero el carpintero trabaja con nuestras cualidades. Eso es lo que nos hace valiosos. Así que no pensemos ya en nuestras flaquezas, y concentrémonos en nuestras virtudes". La asamblea encontró entonces que el martillo era fuerte, el tornillo unía y daba solidez, la lija limaba asperezas y el metro era preciso y exacto. Se sintieron como un equipo capaz de producir hermosos muebles, y sus diferencias pasaron a segundo plano.

Trabajar en equipo es común. Sin embargo, ¿aprovechamos las cualidades de cada miembro del grupo?

¿Por qué solemos resaltar los defectos de los demás, en vez de destacar sus cualidades?

¿Cuál es el resultado de unir esfuerzos? Una obra maestra; por ejemplo, un concierto sinfónico.

¿Cuál es el costo que pagan los jefes por de-
saprovechar las cualidades de sus dirigidos?

¿El individualismo es más productivo que el
trabajo conjunto?

EL PERRITO COJO*

El dueño de una tienda estaba poniendo en la puerta un cartel que decía: "Cachorros en venta". Como esa clase de anuncios siempre atrae a los niños, de pronto apareció un pequeño y le preguntó:

—¿Cuál es el precio de los perritos?

El dueño contestó:

—Entre treinta y cincuenta dólares.

El niñito se metió la mano al bolsillo y sacó unas monedas.

—Sólo tengo $2,37. ¿Puedo verlos?

El hombre sonrió y silbó. De la trastienda salió una perra seguida por cinco perritos, uno de los cuales se quedaba atrás. El niñito inmediatamente señaló al cachorrito rezagado.

—¿Qué le pasa a ese perrito? —preguntó.

---

* Contribución de Carlos Vizcaya, 3 de septiembre de 2001.

El hombre le explicó que el animalito tenía la cadera defectuosa y cojearía por el resto de su vida. El niño se emocionó mucho y exclamó:

—¡Ese es el perrito que yo quiero comprar!

Y el hombre replicó:

—No, tú no vas a comprar ese cachorro. Si realmente lo quieres, yo te lo regalo.

El niñito se disgustó y, mirando al hombre a los ojos, le dijo:

—No, no quiero que usted me lo regale. Creo que vale tanto como los otros perritos, y le pagaré el precio completo. De hecho, le voy a dar mis $2,37 ahora y cincuenta centavos cada mes, hasta que lo haya pagado todo.

El hombre contestó:

—Hijo, en verdad no querrás comprar ese perrito. Nunca será capaz de correr, saltar y jugar como los otros.

El niñito se agachó y levantó su pantalón para mostrar su pierna izquierda, retorcida e inutilizada, soportada por un gran aparato de metal. Miró de nuevo al hombre y le dijo:

—Bueno, yo no puedo correr muy bien tampoco, y el perrito necesitará a alguien que lo entienda.

El hombre se mordió el labio y, con los ojos llenos de lágrimas, dijo:

—Hijo, espero que cada uno de estos cachorritos tenga un dueño como tú.

¿La compasión es un sentimiento propicio para la paz y la convivencia?

¿Sabes cuantas personas en el mundo son voluntarias de instituciones que ayudan a personas con discapacidades?

El mundo sería diferente si, de vez en cuando, estuviéramos dispuestos a recibir una lección de solidaridad.

EL ÁGUILA QUE NUNCA FUE*

Un guerrero indio encontró un huevo de águila en el tope de una montaña, y lo puso junto con los huevos que iban a ser empollados por una gallina. Cuando el tiempo llegó, los pollitos salieron del cascarón, y el aguilucho también. Después de un tiempo, aprendió a cacarear al escarbar la tierra, a buscar lombrices y a subir a las ramas más bajas de los árboles, exactamente como todas las gallinas. Su vida transcurrió creyendo que era una gallina.

Un día, ya vieja, el águila estaba mirando hacia arriba y tuvo una visión magnífica. Un pájaro majestuoso volaba en el cielo abierto como si no necesitase hacer el más mínimo esfuerzo. Impresionada, se volvió hacia la gallina más próxima y le preguntó:

---

* Contribución de Daniel Molina, de Rotolatinos, 11 de noviembre de 2001.

—¿Qué pájaro es aquel?

La gallina miró hacia arriba y respondió:

—¡Ah! Es el águila dorada, reina de los cielos. Pero no pienses en ella: tú y yo somos de aquí abajo.

El águila no miró hacia arriba nunca más y murió creyendo que era una gallina, pues así había sido tratada siempre.

Muchas personas sienten un impulso que les hace decir: "Puedo, soy capaz". Sin embargo, otras personas que los rodean les dicen lo contrario. ¿Debemos dejar que nos corten las alas?

Imagina una comunidad donde padres y maestros encuentren polluelos de águilas y los eduquen como tales.

EL JUICIO

Cuenta una antigua leyenda que en la Edad Media un hombre muy virtuoso fue injustamente acusado de asesinato. El culpable era una persona muy influyente del reino, y por eso desde el primer momento se procuró hallar un chivo expiatorio para encubrirlo.

El hombre fue llevado a juicio y comprendió que tendría escasas oportunidades de escapar de la horca. El juez, aunque también estaba confabulado, se cuidó de mantener todas las apariencias de un juicio justo. Por eso le dijo al acusado: "Conociendo tu fama de hombre justo, voy a dejar tu suerte en manos de Dios: escribiré en dos papeles separados las palabras 'culpable' e 'inocente'. Tú escogerás, y será la Providencia la que decida tu destino".

Por supuesto, el perverso funcionario había preparado dos papeles con la misma leyenda: "Culpable". La víctima, aun sin conocer los detalles, se dio cuenta de que el sistema era una trampa. Cuando el juez lo conminó a tomar uno de los papeles, el hombre respiró profundamente y permaneció en silencio unos segundos con los ojos cerrados. Cuando la sala comenzaba ya a impacientarse, abrió los ojos y, con una sonrisa, tomó uno de los papeles, se lo metió a la boca y lo engulló rápidamente. Sorprendidos e indignados, los presentes le reprocharon.

—Pero, ¿qué ha hecho? ¿Ahora cómo diablos vamos a saber el veredicto?

—Es muy sencillo —replicó el hombre—. Es cuestión de leer el papel que queda, y sabremos lo que decía el que me tragué.

Con refunfuños y una bronca muy mal disimulada, debieron liberar al acusado, y jamás volvieron a molestarlo.

Esta historia es un buen ejemplo del ingenio contra la injusticia.

¿Hay sistemas de justicia que operan de esta forma?

¿Qué ocurre cuando la justicia y la ética van en direcciones contrarias?

LAS TRES REJAS*

El joven discípulo de un filósofo sabio llegó a casa de este y le dijo:

—Maestro, un amigo suyo estuvo hablando de usted con malevolencia.

—¡Espera! —lo interrumpió el filósofo—. ¿Ya hiciste pasar por las tres rejas lo que vas a contarme?

—¿Las tres rejas?

—Sí. La primera es la reja de la verdad. ¿Estás seguro de que lo que quieres decirme es absolutamente cierto?

—No; lo oí comentar a unos vecinos.

—Entonces al menos lo habrás hecho pasar por la segunda reja, que es la bondad. Esto que deseas decirme, ¿es bueno para alguien?

—No, en realidad no. Al contrario...

---

* Contribución de Aquiles Orduña, 9 de noviembre de 2001.

34

—¡Vaya! La última reja es la necesidad. ¿Es necesario hacerme saber eso que tanto te inquieta?

—A decir verdad, no.

—Entonces —dijo el sabio sonriendo—, si no es verdadero, ni bueno, ni necesario, sepultémoslo en el olvido.

¿Tenemos derecho a juzgar a otros?

¿Nos gusta que nos critiquen y, además, lo divulguen?

¿Has escuchado la sentencia "no hagas a otro lo que no quieras que te hagan a ti"?

E L ANCA DE UN CABALLO ROMANO*

*Nos ha parecido muy interesante
esta historia, porque demuestra que
algunas cosas se hacen de cierta
forma porque siempre se hicieron así.*

El ancho de las vías del ferrocarril en Estados Unidos es de 4 pies y 8,5 pulgadas. Es una magnitud bastante extraña. ¿Por qué se usa precisamente esa medida? Porque así es como se hace en Gran Bretaña, y las primeras vías férreas en Norteamérica fueron construidas por los ingleses.

¿Por qué los ingleses usaban esa magnitud? Porque los primeros ferrocarriles fueron construidos por las mismas personas que habían

---

* Contribución de Christian J. von Büren y Diego Lasalle.

construido los antiguos tranvías, y esa era su medida.

¿Y por qué usaban tal cifra? Porque se valían de las mismas plantillas y herramientas que se empleaban para construir los carruajes. Esa era la distancia entre las ruedas.

¿Y por qué era exactamente esa la magnitud del espacio entre las ruedas? Porque si hubiesen usado otra medida cualquiera, los carruajes se habrían hecho pedazos en algún viejo camino inglés, ya que esa es la distancia entre los surcos (huellas dejadas por las ruedas de un carro).

¿Quién construyó esos viejos caminos? Las primeras carreteras de larga distancia en Europa, y específicamente en Inglaterra, fueron construidas por el Imperio romano, para el paso de sus legiones.

¿A qué se deben los surcos en dichos caminos? Los carros de guerra de las legiones romanas formaron, con el paso del tiempo, los surcos iniciales, que los otros tuvieron que imitar después para no destruir las ruedas de sus carruajes. Todos los carros del Imperio romano tenían el mismo espacio entre las ruedas, equivalente al tamaño de las ancas de dos caballos.

Entonces, el ancho de las vías férreas en Estados Unidos deriva de las especificaciones originales de los carros de guerra romanos.

Pero hay algo más. Las naves espaciales tienen, a los lados del tanque de combustible principal, dos grandes cohetes. Son los llamados SRB, *Solid Rocket Boosters*, construidos por Thiokol en su fábrica de Utah. Los ingenieros que los diseñaron habrían preferido hacerlos un poco más anchos, pero no fue posible. Los SRB han de ser enviados por tren desde la fábrica hasta el lugar de lanzamiento de la nave. La línea férrea pasa por un túnel en las montañas, y si los cohetes fueran más anchos simplemente no cabrían. Así, el diseño de los cohetes impulsores de las naves que viajan al espacio fue determinado hace dos mil años por el tamaño de las ancas de los caballos romanos.

¿Cuánto de lo que vemos y hacemos ha permanecido inmodificado con el paso del tiempo?

¿El pasado es un espejo retrovisor o un trampolín al futuro?

Tanto para aprender*

Aprendí que la mayoría de las cosas por las que me preocupo nunca suceden.

Aprendí que cada logro alguna vez fue considerado imposible.

Aprendí que nada de valor se obtiene sin esfuerzo.

Aprendí que la expectativa es con frecuencia mejor que el suceso en sí.

Aprendí que aun cuando tengo molestias, no necesito ser una molestia.

Aprendí que nunca hay que dormirse sin resolver una discusión pendiente.

Aprendí que no debemos mirar atrás, excepto para aprender.

---

* Contribución de Ida Bianchi y Vicente López, de Rotolatinos, Argentina.

39

Aprendí que cuando alguien aclara que se trata de principios y no de dinero, por lo general se trata de dinero.

Aprendí que hay que luchar por las cosas en las que creemos.

Aprendí que las personas son tan felices como deciden serlo.

Aprendí que la mejor y más rápida manera de apreciar a otras personas es tratar de hacer su trabajo.

Aprendí que los días pueden ser largos, pero la vida es corta.

Aprendí que si tu vida está libre de fracasos, es porque no has arriesgado lo suficiente.

Aprendí que es bueno estar satisfecho con lo que tenemos, pero nunca con lo que somos.

Aprendí que podemos ganar un centavo en forma deshonesta, pero que más tarde este nos costará una fortuna.

Aprendí que debo ganar el dinero antes de gastarlo.

Aprendí que debemos apreciar a nuestros hijos por lo que son y no por lo que deseamos que sean.

Aprendí que el odio es como el ácido: destruye el recipiente que lo contiene.

Aprendí que planear una venganza sólo permite que las personas que nos hirieron lo hagan por más tiempo.

Aprendí que las personas tienen tanta prisa por lograr una "buena vida" que con frecuencia la vida pasa a su lado y no la ven.

Aprendí a no dejar de mirar hacia el futuro; que todavía hay muchos buenos libros para leer, puestas de sol que ver, amigos que visitar, gente a quien amar y viejos perros con quienes pasear.

Aprendí que todavía tengo mucho que aprender.

LOS OBSTÁCULOS EN NUESTRO CAMINO*

Un rey puso una gran roca en medio del camino, obstaculizando el paso. Luego se escondió para ver si alguien la retiraba.

Los comerciantes más adinerados del reino y algunos cortesanos que pasaron simplemente rodearon la roca. Muchos culparon al rey de no mantener los caminos despejados, pero ninguno hizo algo para retirar el obstáculo.

Entonces llegó un campesino que llevaba una carga de verduras. La dejó en el piso y trató de mover la roca a un lado del camino. Después de empujar y fatigarse mucho, lo logró. Mientras recogía su carga, encontró una cartera en el piso, justo donde había estado la roca. Contenía muchas monedas de oro y una nota

---

* Contribución de Sebastián Núñez y Lucía Posada, versión de Tché Souto.

del rey, indicando que esa era la recompensa para quien despejara el camino.

El campesino aprendió lo que los otros nunca entendieron.

¿Cuántas personas prefieren no esforzarse?

¿Qué recompensa encontramos cuando movemos rocas que obstaculizan el camino de los demás?

¿Qué mensaje dio el rey a su pueblo?

LA PERFECCIÓN DE DIOS

En Brooklyn, Nueva York, hay una escuela para niños de lento aprendizaje. Algunos pasan ahí la totalidad de su vida escolar, mientras que otros son enviados a escuelas convencionales. En una cena que tuvo lugar en la escuela, el padre de Robert, uno de estos niños, dio un discurso que jamás podrían olvidar quienes lo escucharon.

"¿Dónde está la perfección en mi hijo Robert? Toda la obra de Dios está hecha a la perfección. Pero mi niño no puede entender cosas que otros niños entienden. Mi niño no puede recordar hechos y figuras que otros niños recuerdan. ¿Dónde está, pues, la perfección de Dios?" La audiencia quedó atónita ante esta pregunta, formulada por un hombre que se veía angustiado. "Yo creo —continuó— que cuando Dios permite que vengan al mundo niños así, Su perfección radica en la forma como los demás reaccionan ante ellos".

Luego contó una historia acerca de su hijo. Una tarde, los dos caminaban por un parque donde un grupo de niños estaba jugando béisbol. "¿Crees que me dejarán jugar?", preguntó Robert. Él sabía que su hijo no era un atleta y que los demás no lo querrían en su equipo, pero entendió que le llamaba la atención participar en el juego porque estaba seguro de ser como todos los demás.

El padre llamó a uno de los niños y le preguntó si Robert podía jugar. Él miró a sus compañeros de equipo y, al no obtener ninguna respuesta, tomó la decisión: "Estamos perdiendo por seis carreras y el juego está en la octava carrera. No veo inconveniente. Creo que puede estar en nuestro equipo, y trataremos de ponerlo al bate en la novena carrera".

El señor quedó boquiabierto con la respuesta, y Robert sonrió. Quería que lo pusieran en una base; así dejaría de jugar en corto tiempo, justo al final de la octava carrera. Pero los niños hicieron caso omiso de ello. El juego se estaba poniendo bueno, el equipo de Robert anotó de nuevo y ahora estaba con dos *outs* y las bases llenas. El mejor jugador iba corriendo a base, y Robert estaba preparado para empezar.

¿Dejaría el equipo que Robert fuera al bate, arriesgando la oportunidad de ganar el juego? Sorpresivamente, Robert estaba al bate. Todos pensaron que ese era el fin, pues ni siquiera sabía tomarlo. De cualquier forma, cuando Robert estaba parado en el plato, el *pitcher* se movió algunos pasos para lanzar la pelota suavemente, de forma que el niño al menos pudiera hacer contacto con ella. Robert falló. Entonces, uno de sus compañeros de equipo se acercó a él y le ayudó a sostener el bate. El *pitcher* dio unos pasos y lanzó suavemente. Robert y su compañero le dieron a la pelota, que regresó inmediatamente a manos del *pitcher*. Este podía lanzar la pelota a primera base, ponchando a Robert y sacándolo del juego. En vez de eso, la lanzó lo más lejos que pudo de primera base. Todos empezaron a gritar: "¡Robert, corre a primera, corre a primera base!" Él nunca había corrido a primera base, pero todos le indicaban hacia dónde debía hacerlo.

Mientras Robert corría, un jugador del otro equipo tenía ya la bola en sus manos. Podía lanzarla a segunda base, dejando por fuera a Robert, pero entendió las intenciones del *pitcher* y la lanzó bien alto, lejos de la segunda base. Todos gritaron: "¡Corre a segunda, corre a segunda base!" Robert corrió, y otros niños corrían a su lado y le daban ánimos para continuar.

Cuando Robert tocó la segunda base, el del otro equipo paró de correr hacia él, le mostró la tercera base y le gritó: "¡Corre a tercera!" Conforme corría a tercera, los niños de los dos equipos iban corriendo junto a él, gritando todos a una sola voz: "¡Robert, corre a cuarta!" Robert corrió a cuarta y paró justo en el plato de *home*, donde los dieciocho niños lo alzaron en hombros y lo hicieron sentir un héroe: había hecho una gran carrera, había ganado el juego por su equipo.

"Aquel día —dijo el padre de Robert, con lágrimas rodando por sus mejillas—, esos dieciocho niños mostraron con un gran nivel la perfección de Dios".

¿Qué lección nos dan estos niños con su actitud frente a otro niño con discapacidad?

¿Somos ejemplo de actitudes incluyentes con los demás?

¿Reparamos en la gente que ayuda a otros?

¿QUIÉN ME NECESITA?

Recibí una llamada telefónica de un buen amigo, que me alegró mucho. Lo primero que me preguntó fue:

—¿Cómo estás?

Sin saber por qué, le contesté:

—Muy solo.

—¿Quieres que hablemos?

Le respondí que sí y añadió:

—¿Quieres que vaya a tu casa?

Dije que sí. Colgamos el teléfono y en menos de quince minutos estaba tocando a mi puerta. Yo hablé por horas de todo: mi trabajo, mi familia, mi novia, mis deudas; él, atento siempre, me escuchó. En esas se nos hizo de día. Yo estaba agotado mentalmente; me había hecho mucho bien su compañía y sobre todo que me escuchara, me apoyara y me hiciera ver mis errores. Cuando él notó que ya me encontraba mejor, me dijo:

—Bueno, me voy, tengo que trabajar.

Sorprendido, le dije:

—¿Por qué no me habías dicho que tenías que ir a trabajar? Mira la hora que es, no dormiste nada, te quité toda la noche.

Él sonrió y me dijo:

—No hay problema, para eso estamos los amigos.

Yo me sentía cada vez más feliz y orgulloso de tener un amigo así. Lo acompañé a la puerta de mi casa y cuando caminaba hacia su automóvil, le grité desde lejos:

—Y a todo esto, ¿por qué llamaste anoche tan tarde?

Regresó y me dijo en voz baja:

—Quería darte una noticia.

—¿Qué pasó? —le pregunté.

—Fui al doctor y me dijo que estoy gravemente enfermo.

Yo me quedé mudo. Él sonrió de nuevo y agregó:

—Ya hablaremos de eso. Que tengas un buen día.

Pasó un largo rato hasta que pude asimilar la situación, y me pregunté una y otra vez: ¿por qué cuando me preguntó cómo estaba me olvidé de él y sólo hablé de mí? ¿Cómo tuvo la fuerza para sonreírme, darme ánimos y decirme todo lo que me dijo? Esto es increíble.

Desde entonces mi vida ha cambiado: ahora soy menos dramático con mis problemas y disfruto más de las cosas buenas. Ahora aprovecho más el tiempo con la gente que quiero.

¿Sabemos comunicarnos con los demás?
¿Somos egoístas o generosos con el afecto, el tiempo y la compañía?

Método para Machicar la Soberbia

La soberbia es una forma particular de incapacidad que suele afectar a gobernantes, directivos y funcionarios, pero también a porteros, dirigentes de gremios, empleados públicos y casi todos los pobres mortales que se encuentran de golpe con una escasa cuota de poder.

He aquí un consejo para no caer en la tentación de la soberbia: diríjase a una zona rural por la ruta que más le guste, desnúdese y espere a que anochezca. Cruce entonces el alambrado —con cuidado de no perder ninguno de los atributos del poder— y camine hasta que sienta que está en medio de la soledad más absoluta. Una vez allí, levante la cabeza al cielo y mire las estrellas. En ese instante, visto desde el espacio, usted debe ser algo así como un microbio sobre una pelota de fútbol.

Piense que está parado sobre un minúsculo planeta que gira alrededor del sol, y que el sol es sólo una estrella pequeña entre los millones de estrellas que está viendo y que forman nuestra galaxia. Recuerde, además, que la nuestra es una de millones de galaxias que hace millones de años giran en el espacio.

Una vez que haya hecho esto, ponga los brazos en jarra sobre la cintura, en actitud desafiante, o adopte cualquier otra postura que le parezca adecuada para expresar su inmenso poder, e hinchando las venas del cuello, grite con toda la voz que sea capaz de juntar en ese momento: "¡Soy verdaderamente poderoso!"

Luego, espere el resultado. Si ve que algunas estrellas se sacuden y titilan, no hay problema: es Dios que, a veces, no puede aguantar la risa.

¿Conoces a alguien que deba recibir esta enseñanza?

¿Hay alguna diferencia entre la tumba de un soberbio y la de un virtuoso?

AUXILIO EN LA LLUVIA*

Una noche, a las 11:30 p.m., una mujer afro-americana de edad avanzada estaba parada en el borde de una autopista de Alabama bajo una fuerte tormenta. Su automóvil se había descompuesto y necesitaba desesperadamente que alguien la llevara. Empapada, decidió hacerle señas al próximo carro que pasara. A pesar de ser una época de agudos conflictos raciales, un joven blanco se detuvo a ayudarla, la llevó a un lugar seguro y la puso en un taxi. La señora, que parecía bastante apurada, anotó la dirección del joven, le agradeció y se fue.

Siete días después, tocaron a la puerta de la casa del joven. Para su sorpresa, era un paquete a su nombre: un televisor de pantalla gigante con una nota que decía:

---

* Contribución de Sebastián Núñez y Lucía Posada, versión de Tché Souto.

"Muchísimas gracias por ayudarme en la autopista la otra noche. La lluvia anegó no sólo mi ropa sino mi espíritu. Entonces apareció usted. Gracias a usted, pude llegar al lado de la cama de mi marido agonizante, justo antes de que muriera. Dios lo bendiga por ayudarme y por servir a otros desinteresadamente.

"Sinceramente, la señora de Nat King Cole"

Si un prejuicio afecta nuestra capacidad de servicio es hora de revisarlo.

¿Te has dado cuenta que la solidaridad y la compasión son valores escasos hoy en día?

Dar y perder la vida*

Hace muchos años, cuando trabajaba como voluntario en un hospital de Stanford, conocí a una niñita llamada Liz, que sufría de una extraña enfermedad. Su única oportunidad de recuperarse era una transfusión de sangre de su hermano de 5 años, quien había sobrevivido a la misma enfermedad y había desarrollado los anticuerpos necesarios para combatirla.

El doctor explicó la situación al hermano de la niña, y le preguntó si estaría dispuesto a darle su sangre. Yo lo vi dudar por un momento antes de tomar un gran suspiro y decir: "Sí, lo haré si eso salva a Liz".

Mientras la transfusión se hacía, él estaba acostado en una cama al lado de la de su hermana, muy sonriente, mientras nosotros los

---

* Contribución de Sebastián Núñez y Lucía Posada, versión de Tché Souto.

asistíamos y veíamos regresar el color a las mejillas de la niña. De pronto el pequeño se puso pálido y su sonrisa desapareció. Miró al doctor y le preguntó con voz temblorosa: "¿A qué hora empezaré a morir?"

No había comprendido al doctor: pensaba que tendría que darle toda su sangre a su hermana. Y aun así había aceptado.

¿Qué harías por un ser amado?

¿Hasta dónde estarías dispuesto a llegar para dar alivio a alguien que quieres?

¿Has pensado en la posibilidad de que una parte de tu cuerpo sirva a otro cuando mueras?

EL MENSAJE DEL ANILLO*

El rey dijo a los sabios de la corte:

—He encargado un precioso anillo. Tengo un excelente diamante, y quiero guardar dentro del anillo algún mensaje que pueda ayudarme en momentos de desesperación total, y que ayude también a mis herederos, y a los herederos de mis herederos, para siempre. Tiene que ser un mensaje pequeño, de manera que quepa bajo la piedra.

Sus oyentes eran sabios, grandes eruditos, y podrían haber escrito extensos tratados; pero componer un mensaje de pocas palabras que le pudiera ayudar al rey en un momento de desesperación era todo un desafío. Pensaron, buscaron en sus libros, pero no pudieron encontrar nada.

---

* Contribución de María Laura Zenaldi, Banfield, Argentina, 2 de febrero de 2002.

El rey tenía un anciano sirviente que también había sido sirviente de su padre. La madre del rey había muerto joven y este sirviente había cuidado de él, por lo que se lo trataba como a un miembro de la familia. El monarca sentía un inmenso respeto por el anciano, y lo consultó. Este le dijo:

—No soy un sabio, ni un erudito, ni un académico, pero conozco un mensaje. Durante mi larga vida en palacio, me he encontrado con todo tipo de gente, y en una ocasión conocí a un místico. Era invitado de tu padre, y yo estuve a su servicio. Cuando se iba, como gesto de agradecimiento, me dio este mensaje —el anciano lo escribió en un diminuto papel, lo dobló y se lo pasó al rey—. Pero no lo leas, manténlo escondido en el anillo. Ábrelo sólo cuando todo lo demás haya fracasado, cuando no le encuentres salida a una situación.

Ese momento no tardó en llegar. El territorio fue invadido y el rey perdió el trono. Estaba huyendo en su caballo para salvar la vida y sus adversarios lo perseguían. De pronto llegó a un lugar donde el camino se acababa y no había salida: se encontraba frente a un precipicio. Ya podía escuchar el trote de los caballos enemigos.

De repente, se acordó del anillo. Lo abrió, sacó el papel y encontró el pequeño mensaje: "Esto también pasará". Mientras lo leía, sintió que se cernía sobre él un gran silencio. Los enemigos que lo perseguían debían haberse perdido en el bosque, o quizá habían equivocado el camino, pero lo cierto es que poco a poco dejó de escuchar el trote de las bestias.

El rey se sintió profundamente agradecido con el sirviente y con el místico desconocido, pues aquellas palabras habían resultado milagrosas. Dobló el papel, volvió a guardarlo en el anillo, reunió sus ejércitos y reconquistó el reino. El día que entraba victorioso a la capital, hubo una gran celebración con música y bailes. El anciano, que iba a su lado en el carro, le dijo:

—Señor, lee nuevamente el mensaje del anillo.

—¿Qué quieres decir? —preguntó el rey—. Ahora estoy victorioso, la gente celebra mi regreso. No me hallo desesperado, en una situación sin salida.

—Este mensaje no es sólo para situaciones desesperadas, también es para situaciones placenteras. No es sólo para cuando estás derrotado, también es para cuando has triunfado. No es sólo para cuando eres el último, también para cuando eres el primero.

El rey abrió el anillo y leyó el mensaje: "Esto también pasará". En medio de la muchedumbre que celebraba y bailaba, sintió la misma paz y el mismo silencio del bosque; el orgullo había desaparecido. Entonces terminó de comprender el mensaje.

—Recuerda que todo pasa —le dijo el anciano—. Ninguna situación ni ninguna emoción son permanentes. Como el día y la noche, hay momentos de alegría y momentos de tristeza. Acéptalos como parte de la dualidad de la naturaleza, porque son la esencia misma de las cosas.

¿Te has dado cuenta del poder que tiene el tiempo para curar las heridas?

En momentos de gran alegría, ¿por qué no pensamos que no será permanente?

LA RANITA SORDA*

Un grupo de ranas viajaba por el bosque, cuando de repente dos de ellas cayeron en un pozo profundo. Las demás se reunieron alrededor del agujero y, cuando vieron lo hondo que era, le dijeron a las caídas que, para efectos prácticos, debían darse por muertas. Sin embargo, ellas seguían tratando de salir del hoyo con todas sus fuerzas. Las otras les decían que esos esfuerzos serían inútiles.

Finalmente, una de las ranas atendió a lo que las demás decían, se dio por vencida y murió. La otra continuó saltando con tanto esfuerzo como le era posible. La multitud le gritaba que era inútil pero la rana seguía saltando, cada vez con más fuerza, hasta que finalmente salió del hoyo. Las otras le preguntaron: "¿No escuchabas lo que te decíamos?" La ranita les

---

* Contribución anónima, vía Internet.

explicó que era sorda, y creía que las demás la estaban animando desde el borde a esforzarse más y más para salir del hueco.

¿Hasta dónde llegan los que son conminados a rendirse pero hacen caso omiso a tales exhortaciones?

¿Cómo no hacer caso a malos consejos?

Una sola palabra te puede quitar el entusiasmo o, por el contrario, te impulsa a realizar acciones maravillosas.

LA PREGUNTA MÁS IMPORTANTE*

En cierta ocasión, durante mi segundo semestre en la escuela de enfermería, el profesor nos hizo un examen sorpresa. Leí rápidamente todas las preguntas, hasta llegar a la última: "¿Cómo se llama la mujer que limpia la escuela?"

Seguramente era una broma. Yo había visto muchas veces a la mujer que limpiaba la escuela. Era alta, de cabello oscuro, unos 50 años, pero, ¿cómo iba a saber su nombre? Entregué el examen sin contestar la última pregunta.

Antes de que terminara la clase, alguien le preguntó al profesor si esa pregunta contaría para la calificación. "Definitivamente —contestó—. En sus carreras ustedes conocerán a muchas personas. Todas son importantes. Ellas

---

* Contribución de Sebastián Núñez y Lucía Posada, versión de Tché Souto. El tema ha sido mencionado por Gonzalo Gallo en un curso de administración.

merecen su atención y cuidado, aun si ustedes sólo les sonríen y dicen: ¡Hola!"

Nunca olvidé esa lección, y supe luego que su nombre era Dorothy. Todos somos importantes.

Sentirse ignorado es triste.

¿Te sientes bien cuando alguien te llama por tu nombre?

¿Agradeces a las personas que te prestan servicios?

LOS CIEN DÍAS DEL PLEBEYO*

Una bella princesa estaba buscando consorte. Nobles y ricos pretendientes llegaban de todas partes con maravillosos regalos: joyas, tierras, ejércitos, tronos... Entre los candidatos se encontraba un joven plebeyo que no tenía más riquezas que el amor y la perseverancia. Cuando le llegó el momento de hablar, dijo:

—Princesa, te he amado toda la vida. Como soy un hombre pobre y no tengo tesoros para darte, te ofrezco mi sacrificio como prueba de amor. Estaré cien días sentado bajo tu ventana, sin más alimentos que la lluvia y sin más ropas que las que llevo puestas. Esa será mi dote.

La princesa, conmovida por semejante gesto de amor, decidió aceptar:

_____

* Walter Riso, ¿*Amar o depender*? Contribución de Ricardo Cruz Gómez, Tampico, México.

—Tendrás tu oportunidad: si pasas esa prueba, me desposarás.

Así pasaron las horas y los días. El pretendiente permaneció afuera del palacio, soportando el sol, los vientos, la nieve y las noches heladas. Sin pestañear, con la vista fija en el balcón de su amada, el valiente súbdito siguió firme en su empeño sin desfallecer un momento.

De vez en cuando la cortina de la ventana real dejaba traslucir la esbelta figura de la princesa, que con un noble gesto y una sonrisa aprobaba la faena. Todo iba a las mil maravillas, se hicieron apuestas y algunos optimistas comenzaron a planear los festejos.

Al llegar el día noventa y nueve, los pobladores de la zona salieron a animar al próximo monarca. Todo era alegría y jolgorio, pero cuando faltaba una hora para cumplirse el plazo, ante la mirada atónita de los asistentes y la perplejidad de la princesa, el joven se levantó y, sin dar explicación alguna, se alejó lentamente del lugar donde había permanecido cien días.

Unas semanas después, mientras deambulaba por un solitario camino, un niño de la comarca lo alcanzó y le preguntó a quemarropa:

—¿Qué te ocurrió? Estabas a un paso de lograr la meta, ¿por qué perdiste esa oportunidad? ¿Por qué te retiraste?

Con profunda consternación y lágrimas mal disimuladas, el plebeyo contestó en voz baja:

—La princesa no me ahorró ni un día de sufrimiento, ni siquiera una hora. No merecía mi amor.

¿El amor debe ser recíproco?

¿Debemos pedir pruebas de amor que hagan sufrir a nuestra pareja?

¿Cuál es la diferencia entre amor propio y amor por otra persona?

¿Debemos sufrir por amor?

LOS DOS HALCONES*

Un rey recibió como obsequio dos pichones de halcón y los entregó al maestro de cetrería para que los entrenara. Pasados unos meses, el instructor le comunicó que uno de los halcones estaba perfectamente educado, pero que no sabía qué le sucedía al otro: no se había movido de la rama desde el día de su llegada a palacio, e incluso había que llevarle el alimento hasta allí.

El rey mandó llamar a curanderos y sanadores de todo tipo, pero nadie pudo hacer volar al ave. Encargó entonces la misión a miembros de la corte, pero nada sucedió; por la ventana de sus habitaciones, el monarca veía que el pájaro continuaba inmóvil. Publicó por fin un bando entre sus súbditos solicitando ayuda, y

---

* Contribución de Arturo Dueñas, 24 de noviembre de 2001.

a la mañana siguiente vio al halcón volar ágilmente por los jardines.

—Traedme al autor de ese milagro —dijo.

En seguida le presentaron a un campesino.

—¿Tú hiciste volar al halcón? ¿Cómo lo lograste? ¿Eres mago, acaso?

Entre feliz e intimidado, el hombrecito explicó:

—No fue difícil, Su Alteza: sólo corté la rama. El pájaro se dio cuenta de que tenía alas y se lanzó a volar.

¿La rama del árbol representa seguridad y confort?

¿Si nadie corta tu rama, cómo sabrías que tienes alas?

¿Un acontecimiento inesperado te ha hecho volar?

MI MEJOR AMIGO

Dice una leyenda árabe que dos amigos viajaban por el desierto y discutieron agriamente. Uno de ellos le dio una bofetada al otro. Este, ofendido, escribió en la arena: "Hoy mi mejor amigo me dio una bofetada". Continuaron su camino y llegaron a un oasis, donde resolvieron bañarse. El que había sido abofeteado se estaba ahogando, y el otro acudió en su rescate. Al recuperarse, tomó un cincel y escribió en una piedra: "Hoy mi mejor amigo me salvó la vida". Intrigado, aquel le preguntó:

—¿Por qué después de que te lastimé escribiste en la arena, y ahora escribes en piedra?

—Cuando un gran amigo nos ofende, debemos escribirlo en la arena, donde el viento del olvido y el perdón se encargará de borrarlo. Cuando nos pasa algo grandioso, debemos grabarlo en la piedra del corazón, de donde ningún viento podrá hacerlo desaparecer.

¿Valoramos la verdadera amistad?

¿Perdemos amigos por grabar las ofensas en piedra?

¿Cultivamos amistades dejando que el viento se lleve los agravios que nos hacen?

EL TELEVISOR

Mientras oraba antes de acostarse, un niño pidió con devoción:

"Señor, esta noche te pido algo especial: conviérteme en un televisor. Quisiera ocupar su lugar. Quisiera vivir lo que vive la tele de mi casa. Es decir, tener un cuarto especial para mí y reunir a todos los miembros de la familia a mi alrededor.

"Ser tomado en serio cuando hablo. Convertirme en el centro de atención y ser aquel al que todos quieren escuchar sin interrumpirlo ni cuestionarlo. Quisiera sentir el cuidado especial que recibe la tele cuando no funciona.

"Y tener la compañía de mi papá cuando llega a casa, aunque esté cansado del trabajo. Y que mi mamá me busque cuando esté sola y aburrida, en lugar de ignorarme. Y que mis hermanos se peleen por estar conmigo.

"Y que pueda divertirlos a todos, aunque a veces no les diga nada. Quisiera vivir la sensación de que lo dejen todo por pasar unos momentos a mi lado.

"Señor, no te pido mucho. Sólo vivir lo que vive cualquier televisor".

¿Le damos más importancia a los objetos que a las personas?

¿En qué consiste la comunicación?

FORTUNAS DEL CAMPO*

Cierta vez un acaudalado padre de familia llevó a su hijo a un viaje por el campo con el firme propósito de que este viera cuán pobres eran ciertas personas y comprendiera el valor de las cosas y lo afortunados que eran ellos. Estuvieron un día y una noche en la granja de una familia campesina muy humilde. Al concluir el viaje, ya de regreso en casa, le preguntó a su hijo:

—¿Qué te pareció el viaje?

—¡Muy bonito, papá!

—¿Viste qué tan pobre y necesitada puede ser la gente?

—Sí.

—¿Y qué aprendiste?

---

* Contribución de Lourdes de Subero, de Codetel, 18 de octubre de 2000.

—Vi que nosotros tenemos un perro en casa, ellos tienen cuatro. Nosotros tenemos una piscina de veinticinco metros, ellos un riachuelo sin fin. Nosotros tenemos lámparas importadas en el patio, ellos tienen las estrellas. Nuestro patio llega hasta el muro de la casa, el de ellos hasta el horizonte. Especialmente, papá, vi que ellos tienen tiempo para conversar y convivir en familia. Tú y mi mamá deben trabajar todo el tiempo y casi nunca los veo.

El padre se quedó mudo y el niño agregó:

—Gracias, papá, por enseñarme lo ricos que podríamos llegar a ser.

¿Cuál es la diferencia entre la riqueza y el éxito?

La siguiente frase se atribuye a Cristina, la heredera del magnate Aristóteles Onassis: "Soy tan pobre que lo único que tengo es dinero".

LA FELICIDAD ES EL CAMINO

Nos convencemos de que la vida será mejor después de cumplir los 18 años, después de casarnos, después de conseguir un mejor empleo, después de tener un hijo, después de tener otro...

Entonces nos sentimos frustrados porque nuestros hijos no son lo suficientemente grandes, y pensamos que nos sentiremos felices cuando lo sean. Después nos lamentamos porque son adolescentes difíciles de tratar; ciertamente, nos sentiremos más felices cuando salgan de esa etapa.

Nos decimos que nuestra vida será completa cuando a nuestro(a) esposo(a) le vaya mejor, cuando tengamos un mejor carro o una mejor casa, cuando podamos ir de vacaciones, cuando estemos retirados.

La verdad es que no hay mejor momento que este para ser felices. Si no es ahora, ¿cuándo?

Una de nuestras frases favoritas es de Alfred de Souza: "Por largo tiempo parecía para mí que la vida estaba a punto de comenzar, la vida de verdad. Pero siempre había un obstáculo en el camino, algo que resolver primero, algún asunto sin terminar, tiempo por pasar, una deuda que pagar; entonces la vida comenzaría. Hasta que me di cuenta de que estos obstáculos eran mi vida".

Esta perspectiva nos ha ayudado a ver que no hay camino a la felicidad: la felicidad *es* el camino. Debemos atesorar cada momento, mucho más cuando lo compartimos con alguien especial, y recordar que el tiempo no espera a nadie.

No espere hasta terminar la escuela, hasta volver a la escuela, hasta bajar diez libras, hasta tener hijos, hasta que los hijos vayan a la escuela, hasta que se case, hasta que se divorcie, hasta el viernes por la noche, hasta el domingo por la mañana, hasta la primavera, el verano, el otoño o el invierno, o hasta que muera, para aprender que no hay mejor momento que este para ser feliz. La felicidad es un trayecto, no un destino.

FIJAR METAS ALTAS*

Un maestro quería enseñarles una lección especial a sus alumnos, y para ello les dio la oportunidad de escoger entre tres exámenes: uno de cincuenta preguntas, uno de cuarenta y uno de treinta. A los que escogieron el de treinta les puso una "C", sin importar que hubieran contestado correctamente todas las preguntas. A los que escogieron el de cuarenta les puso una "B", aun cuando más de la mitad de las respuestas estuviera mal. Y a los que escogieron el de cincuenta les puso una "A", aunque se hubieran equivocado en casi todas.

Como los estudiantes no entendían nada, el maestro les explicó: "Queridos alumnos: permítanme decirles que yo no estaba exami-

---

* Contribución de Maythem Saltos Haón, Club Rotarac Guayaquil Occidente, distrito 4400. Ecuador, 8 de septiembre de 2000.

nando sus conocimientos, sino su voluntad de apuntar a lo alto".

¿Cómo identificas a la gente mediocre?

¿Sabes que muchas personas aplican la "ley del menor esfuerzo"?

¿Conoces padres mediocres que educan a sus hijos de la misma forma?

¿Cuánta gente de éxito es mediocre?

ZANAHORIAS, HUEVOS Y CAFÉ

Así como el oro debe pasar por el fuego
para ser purificado, los seres humanos
necesitamos pruebas para pulir nuestro
carácter. Lo más importante es cómo
reaccionamos frente a ellas.

Una hija se quejaba con su padre acerca de la vida. No sabía cómo seguir adelante y, cansada de luchar, estaba a punto de darse por vencida. Parecía que cuando solucionaba un problema, aparecía otro.

El padre, un reconocido chef, la llevó a la cocina. Llenó tres ollas con agua y las puso sobre fuego fuerte. Cuando el líquido estaba hirviendo, echó zanahorias en la primera olla, un par de huevos en la segunda, y algunos granos de café en la tercera.

La hija esperó con impaciencia, preguntándose qué estaría haciendo su padre. A los veinte minutos él apagó el fuego, puso las zanahorias en un recipiente y los huevos en otro, coló el café y lo sirvió en una jarra. Mirando a su hija, le preguntó:

—Querida, ¿qué ves?

—Zanahorias, huevos y café —fue la respuesta.

Le pidió que tocara las zanahorias: estaban blandas. Luego le dijo que rompiera un huevo: estaba duro. Por último, le pidió que probara el café. Ella sonrió, mientras disfrutaba el rico aroma de la bebida. Humildemente, la joven preguntó:

—¿Qué significa esto, papá?

—Estos tres elementos —explicó él— se han enfrentado a la misma adversidad, el agua hirviendo, y cada uno ha reaccionado en forma diferente. La zanahoria, fuerte y dura, se tornó débil, fácil de deshacer. El huevo era frágil; la cáscara fina protegía su interior líquido, que después de estar en el agua hirviendo se endureció. Los granos de café transformaron al agua, convirtiéndola en la rica bebida que te reconforta y calienta. ¿Qué eres tú? —le preguntó el cocinero a su hija—. Cuando la adversidad llama a tu puerta, ¿eres zanahoria, huevo o grano de café?

Cuándo la adversidad aparece, ¿cómo la enfrentamos?

¿Los problemas nos transforman positiva o negativamente?

Huellas en el corazón*

Un hombre joven se situó en el centro de un poblado y proclamó que poseía el corazón más hermoso de toda la comarca. Una gran multitud se congregó a su alrededor: todos confirmaron, admirados, que ese corazón era perfecto, pues no se observaban en él manchas ni rasguños; coincidieron en que era el corazón más hermoso que hubieran visto.

Al saberse admirado, el joven se sintió más orgulloso aún, y con mayor convicción afirmó que el suyo era el corazón más hermoso de todo el lugar. De pronto un anciano salió de la multitud y le habló:

—¿Por qué dices eso? Tu corazón no es tan hermoso como el mío.

Con sorpresa, la multitud y el joven miraron el corazón del viejo y vieron que, si bien latía

---

* Contribución de Daniel Molina, vía Internet.

vigorosamente, estaba cubierto de cicatrices, incluso había agujeros y zonas donde faltaban trozos que habían sido reemplazados por otros que no correspondían, pues se veían los bordes disparejos. El joven se echó a reír.

—Debes estar bromeando —dijo—. Comparar tu corazón con el mío... El mío es perfecto. En cambio, el tuyo es un montón de cicatrices y dolor.

—Es cierto —replicó el anciano—: tu corazón luce perfecto, pero yo jamás me comprometería contigo. Mira, cada cicatriz representa una persona a la cual entregué todo mi amor. Me arranqué trozos del corazón para dárselos a cada uno de aquellos a quienes he amado. Muchos, a su vez, me han obsequiado trozos del suyo, que he puesto en el lugar que quedó abierto. Como las piezas no eran iguales, se ven estos bordes disparejos, de los cuales me alegro porque me recuerdan el amor que he compartido. También hubo oportunidades en las cuales entregué un trozo de mi corazón a alguien, pero esa persona no me ofreció nada a cambio: entonces ahí quedaron estos vacíos. A pesar del dolor que las heridas me producen, me recuerdan que sigo amando a esas personas y alimentan la esperanza de que algún día tal vez regresen y llenen el vacío que han dejado.

¿Comprendes ahora lo que es verdaderamente hermoso? —remató el anciano.

El joven permaneció en silencio, pero lágrimas corrían por sus mejillas. Se acercó al anciano, se arrancó un trozo del corazón y se lo ofreció. El anciano lo recibió y lo puso en su corazón, le quitó un trozo y con él tapó la herida abierta del joven. La pieza se amoldó, pero no a la perfección: se notaban los bordes.

El joven miró su corazón, que ya no era perfecto pero lucía mucho más hermoso que antes, porque el amor fluía en su interior.

¿La belleza aparente es la belleza real?

¿Por qué buscamos ocultar nuestras líneas de expresión si ellas manifiestan el camino de las sonrisas?

¿Cómo compartir nuestro corazón con los demás?

IMAGINAR SOLUCIONES*

En una tarde nublada y fría, dos niños patinaban sin preocupación sobre una laguna congelada. De repente el hielo se rompió, y uno de ellos cayó al agua. El otro cogió una piedra y comenzó a golpear el hielo con todas sus fuerzas, hasta que logró quebrarlo y así salvar a su amigo.

Cuando llegaron los bomberos y vieron lo que había sucedido, se preguntaron: "¿Cómo lo hizo? El hielo está muy grueso, es imposible que haya podido quebrarlo con esa piedra y sus manos tan pequeñas..."

En ese instante apareció un abuelo y, con una sonrisa, dijo:

—Yo sé cómo lo hizo.

—¿Cómo? —le preguntaron.

---

* Historia atribuida a Albert Einstein.

—No había nadie a su alrededor para decirle que no podía hacerlo.

Se está equivocado cuando se afirma que algo no se puede hacer.

Acaso, ¿no es intentando lo imposible como se generan la mayoría de inventos de la humanidad?

La creatividad surge en los momentos difíciles.

RECUERDA A QUIENES SIRVES*

En los días en que un helado costaba mucho menos, un niño de 10 años entró en un establecimiento y se sentó en una mesa. La mesera puso un vaso de agua enfrente de él.

—¿Cuánto cuesta un helado con chocolate y maní? —preguntó el niño.

—Cincuenta centavos —respondió la mujer.

El niño sacó la mano del bolsillo y examinó las monedas.

—¿Cuánto cuesta un helado solo? —volvió a preguntar. Algunas personas esperaban mesa y la camarera ya estaba un poco impaciente.

—Veinticinco centavos —dijo bruscamente.

El niño volvió a contar las monedas.

—Quiero el helado solo —dijo.

_____

* Contribución de Sebastián Núñez y Lucía Posada, versión de Tché Souto.

La mesera le trajo el helado, puso la cuenta en la mesa y se retiró. El niño terminó el helado, pagó en la caja y salió. Cuando la mesera volvió a limpiar la mesa, le costó tragar saliva al ver que allí, ordenadamente junto al plato vacío, había veinticinco centavos: su propina.

Muchos valores se reflejan en la conducta de los niños.

¿Qué aprendió la mesera en la historia anterior?

¿Cuál es la actitud apropiada para servir a los demás?

E L ECO

Un padre y su hijo estaban caminando en las montañas. De repente, el hijo se cayó, lastimándose, y gritó:

—¡Aaaaaayyyy!

Para su sorpresa, oyó una voz que repetía, en algún lugar de la montaña:

—¡Aaaaaayyyy!

Con curiosidad, el niño gritó:

—¿Quién está ahí?

Y recibió esta respuesta:

—¿Quién está ahí?

Enojado, gritó:

—¡Cobarde!

Y escuchó:

—¡Cobarde!

El niño miró al padre y le preguntó:

—¿Qué sucede, papá?

El hombre, sonriendo, le dijo:

—Hijo mío, presta atención —y gritó hacia la montaña—: ¡Te admiro!

Y la voz le respondió:

—¡Te admiro!

De nuevo, el hombre gritó:

—¡Eres un campeón!

Y la voz le respondió:

—¡Eres un campeón!

El niño estaba asombrado, pero no entendía nada. Entonces el padre le explicó:

—La gente lo llama eco, pero en realidad es la vida. Te devuelve todo lo que dices o haces.

Todo lo bueno o malo que hagas en la vida se te devolverá.

¿Has oído decir que los pensamientos positivos atraen acontecimientos positivos, del mismo modo como los pensamientos negativos atraen hechos negativos?

LA SEÑORA THOMPSON

Al inicio del año escolar una maestra, la señora Thompson, se encontraba frente a sus alumnos de quinto grado. Como la mayoría de los maestros, ella miró a los chicos y les dijo que a todos los quería por igual. Pero era una gran mentira, porque en la fila de adelante se encontraba, hundido en su asiento, un niño llamado Jim Stoddard. La señora Thompson lo conocía desde el año anterior, cuando había observado que no jugaba con sus compañeros, que sus ropas estaban desaliñadas y que parecía siempre necesitar un baño. Con el paso del tiempo, la relación de la señora Thompson con Jim se volvió desagradable, hasta el punto que ella sentía gusto al marcar las tareas del niño con grandes tachones rojos y ponerle cero.

Un día, la escuela le pidió a la señora Thompson revisar los expedientes anteriores de los niños de su clase, y ella dejó el de Jim de último. Cuando lo revisó, se llevó una gran sorpresa.

La maestra de Jim en el primer grado había escrito: "Es un niño brillante, con una sonrisa espontánea. Hace sus deberes limpiamente y tiene buenos modales; es un deleite estar cerca de él".

La maestra de segundo grado puso en su reporte: "Jim es un excelente alumno, apreciado por sus compañeros, pero tiene problemas debido a que su madre sufre una enfermedad incurable y su vida en casa debe ser una constante lucha".

La maestra de tercer grado señaló: "La muerte de su madre ha sido dura para él. Trata de hacer su máximo esfuerzo pero su padre no muestra mucho interés, y su vida en casa le afectará pronto si no se toman algunas acciones".

La maestra de cuarto escribió: "Jim es descuidado y no muestra interés en la escuela. No tiene muchos amigos y en ocasiones se duerme en clase".

La señora Thompson se dio cuenta del problema y se sintió apenada consigo misma. Se sintió aún peor cuando, al llegar la Navidad, todos los alumnos le llevaron sus regalos envueltos en papeles brillantes y con preciosos listones, excepto Jim: el suyo estaba torpemente envuelto en el tosco papel marrón de las bolsas de supermercado.

Algunos niños comenzaron a reír cuando ella sacó de esa envoltura un brazalete de piedras al que le faltaban algunas, y la cuarta parte de un frasco de perfume. Pero ella minimizó las risas al exclamar: "¡Qué brazalete tan bonito!", mientras se lo ponía y rociaba un poco de perfume en su muñeca. Jim Stoddard se quedó ese día después de clases sólo para decir: "Señora Thompson, hoy usted olió como mi mamá olía".

Después de que los niños se fueron, ella lloró por largo tiempo. Desde ese día renunció a enseñar sólo lectura, escritura y aritmética, y comenzó a enseñar valores, sentimientos y principios. Le dedicó especial atención a Jim. A medida que trabajaba con él, la mente del niño parecía volver a la vida; mientras más lo motivaba, mejor respondía. Al final del año, se había convertido en uno de los más listos de la clase.

A pesar de su mentira de que los quería a todos por igual, la señora Thompson apreciaba especialmente a Jim. Un año después, ella encontró debajo de la puerta del salón una nota en la cual el niño le decía que era la mejor maestra que había tenido en su vida.

Pasaron seis años antes de que recibiera otra nota de Jim; le contaba que había terminado la secundaria, obteniendo el tercer lugar en su clase, y que ella seguía siendo la mejor maestra que había tenido en su vida.

Cuatro años después la señora Thompson recibió otra carta, donde Jim le decía que, aunque las cosas habían estado duras, pronto se graduaría de la universidad con los máximos honores. Y le aseguró que ella era aún la mejor maestra que había tenido en su vida.

Pasaron cuatro años y llegó otra carta; esta vez Jim le contaba que, después de haber recibido su título universitario, había decidido ir un poco más allá. Le reiteró que ella era la mejor maestra que había tenido en su vida. Ahora su nombre era más largo; la carta estaba firmada por el doctor James F. Stoddard, M.B.

El tiempo siguió su marcha. En una carta posterior, Jim le decía a la señora Thompson que había conocido a una chica y que se iba a casar. Le explicó que su padre había muerto hacía dos años y se preguntaba si ella accedería a sentarse en el lugar que normalmente está reservado para la mamá del novio. Por supuesto, ella aceptó. Para el día de la boda, usó aquel viejo brazalete con varias piedras faltantes, y se aseguró de comprar el mismo perfume que le recordaba a Jim a su mamá. Se abrazaron, y el doctor Stoddard susurró al oído de su antigua maestra:

—Gracias por creer en mí. Gracias por hacerme sentir importante y por enseñarme que yo podía hacer la diferencia.

La señora Thompson, con lágrimas en los ojos, le contestó:

—Estás equivocado, Jim: fuiste tú quien me enseñó que yo podía hacer la diferencia. No sabía enseñar hasta que te conocí.

¿Cuál es el papel de los maestros en la sociedad?

¿Qué hizo cambiar la conducta de Jim?

¿Qué habría pasado si la maestra hubiera seguido tratando a Jim como al principio?

DAR PARA RECIBIR*

Había un árabe llamado Beremis Samir, que podía hacer cualquier cosa con los números. Un día iba de viaje y halló, a mitad del camino, a tres hombres que discutían acaloradamente frente a un lote de camellos. Beremis se detuvo y les preguntó el motivo de la controversia, y uno de ellos le respondió:

—Somos hermanos y recibimos estos treinta y cinco camellos como herencia de nuestro padre que acaba de fallecer. Yo, porque soy el mayor, debo quedarme, conforme a la voluntad del finado, con la mitad de los animales. Este, que es el segundo, debe recibir la tercera parte. Y aquel, el menor, la novena parte.

Entonces otro de los hermanos dijo:

---

* Contribución de Maribel Zupel, Santa Fe, Argentina, 13 de noviembre de 2001.

—¡Pero es imposible hallar la mitad exacta, y más aún la tercera y la novena partes de treinta y cinco!

Beremis Samir pensó un instante y luego, desmontando de su propio camello, lo agregó al lote de los que habían heredado los hermanos. Ellos se quedaron sorprendidos por la generosa actitud del viajero, pero aguardaron en silencio a que se explicara. Y así lo hizo, en efecto:

—Agregando mi camello a los de ustedes, hay treinta y seis. De modo que toma la mitad que te corresponde —y separó dieciocho camellos para el mayor de los hermanos.

Volviéndose al segundo, prosiguió:

—Te corresponde la tercera parte. Habiendo treinta y cinco camellos, no era posible que la recibieras, pues la tercera parte de treinta y cinco es once y pico, y los camellos no tienen pico. Pero ahora, con el camello que agregué, son treinta y seis. Ten: ahí van tus doce camellos, la tercera parte de treinta y seis.

Quedaba el hermano menor.

—A ti, según el testamento de tu padre, te corresponde la novena parte del lote. La novena parte de treinta y seis es cuatro: toma tus cuatro camellos.

Entonces, Beremis Samir hizo cuentas:

—Tú has recibido dieciocho camellos, tú doce y tú cuatro, más de lo que les correspondía, por ser la herencia de treinta y cinco camellos. Ahora sumemos: dieciocho más doce, treinta. Más cuatro, treinta y cuatro. Quiere decir que de los treinta y seis camellos, sobran dos. Uno es el que yo puse. Y el otro, el que me corresponde por haberlos ayudado a obtener lo que les correspondía —y dejando a todos los hermanos contentos, se fue con los dos camellos.

¿Conoces el refrán "el que parte y reparte se queda la mejor parte"?
¿Cuál fue la astucia de Samir?
¿Somos equitativos en nuestras desiciones?

EL ELEFANTE SUMISO*

Cuando yo era chico me encantaban los circos. Lo que más me gustaba eran los animales, y mi preferido era el elefante. Durante la función, la enorme bestia impresionaba a todos por su peso, su tamaño y su descomunal fuerza. Pero, después de la actuación y hasta un rato antes de volver al escenario, uno podía encontrar al elefante detrás de la carpa principal, con una pata encadenada a una pequeña estaca clavada en el suelo. La estaca era sólo un minúsculo pedazo de madera, apenas enterrado superficialmente. Y aunque la cadena era gruesa y poderosa, me parecía obvio que ese animal, capaz de arrancar un árbol de cuajo, podría arrancar la estaca y huir. El misterio era evidente: ¿por qué el elefante no huía, si podría arrancar la estaca

---

* Contribución de Eduardo Bernal, vía Internet.

con el mismo esfuerzo que yo necesitaría para romper un fósforo? ¿Qué fuerza misteriosa lo mantenía atado?

Tenía 7 u 8 años, y todavía confiaba en la sabiduría de los mayores. Pregunté entonces a mis padres, maestros y tíos, buscando respuesta a ese misterio. No obtuve una coherente. Alguien me explicó que el elefante no escapaba porque estaba amaestrado. Hice entonces la pregunta obvia: "Y si está amaestrado, ¿por qué lo encadenan?" No recuerdo haber recibido ninguna explicación satisfactoria.

Con el tiempo olvidé el misterio del elefante y de la estaca, y sólo lo recordaba cuando me encontraba con personas que me daban respuestas incoherentes, por salir del paso, y, un par de veces, con personas que se habían hecho la misma pregunta. Hasta que hace unos días me encontré con una persona, lo suficientemente sabia, que me dio una respuesta que al fin me satisfizo: el elefante no escapa porque ha estado atado a una estaca parecida desde que era muy pequeño.

Cerré los ojos y me imaginé al elefantito, con solo unos días de nacido, sujeto a la estaca. Estoy seguro de que en aquel momento empujó, jaló y sacudió tratando de soltarse. Y a pesar de todo su esfuerzo no pudo hacerlo: la estaca era muy fuerte para él. Podría jurar que el primer día se durmió agotado por el esfuerzo infructuoso, y que al día siguiente volvió a probar, y también al otro y al de más allá… Hasta que un día, un terrible día, el animal aceptó su impotencia y se resignó a su destino. Dejó de luchar para liberarse.

Hay estacas en la vida a las que permanecemos encadenados inconcientemente, ¿somos elefantes sumisos atados a un destino?

¿Qué nos impide liberarnos?

¿Dejamos de luchar porque un día no logramos cumplir una meta?

¿Hemos creído no poder llevar a cabo un ideal, y esto nos ha paralizado?

LAS METAS*

Nadie alcanza la meta con un solo intento, ni perfecciona la vida con una sola rectificación, ni alcanza altura con un solo vuelo. Nadie camina la vida sin haber pisado en falso muchas veces.

Nadie recoge cosecha sin probar muchos sabores, enterrar muchas semillas y abonar mucha tierra. Nadie mira la vida sin acobardarse en muchas ocasiones, ni se mete en el barco sin temerle a la tempestad, ni llega a puerto sin remar muchas veces.

Nadie siente el amor sin probar sus lágrimas, ni recoge rosas sin sentir sus espinas. Nadie hace obras sin martillar sobre su edificio, ni cultiva amistad sin renunciar a sí mismo. Nadie llega a la otra orilla sin haber hecho puentes

---

* Contribución anónima, vía Internet.

para pasar. Nadie deja el alma lustrosa sin el pulimento diario de la vida.

Nadie puede juzgar sin conocer primero su propia debilidad. Nadie consigue su ideal sin haber pensado muchas veces que perseguía un imposible. Nadie conoce la oportunidad hasta que esta pasa por su lado y la deja ir. Nadie encuentra el pozo del placer hasta caminar por la sed del desierto.

Pero nadie deja de llegar, cuando se tienen la claridad de un don, el crecimiento de la voluntad, la abundancia de la vida, el poder para realizarse y el impulso de sí mismo. Nadie deja de arder con fuego dentro sin antes saber lo que es el calor de la amistad. Nadie deja de llegar cuando de verdad se lo propone.

La palabra clave para cumplir las metas es esfuerzo.

EL VIOLÍN DE PAGANINI*

Hubo un gran violinista llamado Paganini. Algunos decían que era una persona extraña. Otros, que había en él algo sobrenatural. Las notas mágicas que salían de su violín tenían un sonido diferente, y por eso nadie quería perder la oportunidad de verlo tocar.

Una noche, el escenario estaba repleto de admiradores preparados para recibirlo. La orquesta entró y fue aplaudida. El director entró y recibió una gran ovación. Pero cuando la figura de Paganini surgió, triunfante, el público deliró. El violinista se puso el instrumento en el hombro, y lo que siguió fue indescriptible: blancas y negras, fusas y semifusas, corcheas y semicorcheas parecían tener alas y volar al toque de aquellos dedos encantados.

---

* Contribución de Daniel Molina, 9 de agosto de 2001.

De repente, un sonido extraño interrumpió el ensueño de la platea: una de las cuerdas del violín de Paganini se había roto. El director paró. La orquesta se calló. El público estaba en suspenso. Pero Paganini no se detuvo. Mirando su partitura, continuó extrayendo sonidos deliciosos de su violín atrofiado. El director y la orquesta, admirados, volvieron a tocar.

Cuando el público se tranquilizó, de repente otro sonido perturbador atrajo su atención. Otra cuerda del violín se rompió. El director y la orquesta pararon de nuevo, mas Paganini continuó como si nada hubiera ocurrido. Impresionados, los músicos volvieron a tocar.

Pero el público no podía imaginar lo que iba a ocurrir a continuación. Todos los asistentes, asombrados, gritaron un "¡oohhh!" que retumbó por la sala: otra cuerda del violín se había roto. El director y la orquesta se detuvieron. La respiración del público cesó. Pero Paganini seguía: como un contorsionista musical, arrancaba todos los sonidos posibles de la única cuerda que le quedaba al destruido violín. El director, embelesado, se animó, y la orquesta volvió a tocar con mayor entusiasmo. El público iba del silencio a la euforia, de la inercia al delirio.

Paganini alcanzó la gloria, y su nombre corrió a través del tiempo. No fue apenas un violinista genial, sino el símbolo del profesional que continúa adelante aun ante lo imposible.

Si fueras Paganini, ¿habrías seguido el concierto o te excusarías en las cuerdas para suspenderlo?

¿Valemos menos si los demás se burlan de nosotros?

L O TUYO Y LO MÍO*

Cuando la señora llegó a la estación, le informaron que su tren se retrasaría aproximadamente una hora. Un poco fastidiada, se compró una revista, un paquete de galletas y una botella de agua. Buscó un banco en el andén central y se sentó, preparada para la espera.

Mientras ojeaba la revista, un joven se sentó a su lado y comenzó a leer un diario. De pronto, sin decir una sola palabra, estiró la mano, tomó el paquete de galletas, lo abrió y comenzó a comer. La señora se molestó un poco; no quería ser grosera pero tampoco hacer de cuenta que nada había pasado. Así que, con un gesto exagerado, tomó el paquete, sacó una galleta y se la comió mirando fijamente al joven.

---

* Contribución de Maribel Zupel, 3 de septiembre de 2001.

Como respuesta, el joven tomó otra galleta y, mirando a la señora a los ojos, se la llevó a la boca. Ya enojada, ella cogió otra galleta y, con ostensibles señales de fastidio, se la comió mirándolo fijamente.

El diálogo de miradas y sonrisas continuó entre galleta y galleta. La señora estaba cada vez más irritada, y el muchacho cada vez más sonriente. Finalmente, ella se dio cuenta de que sólo quedaba una galleta, y pensó: "No podrá ser tan caradura", mientras miraba alternativamente al joven y al paquete. Con mucha calma el joven alargó la mano, tomó la galleta y la partió en dos. Con un gesto amable, le ofreció la mitad a su compañera de banco.

—¡Gracias! —dijo ella tomando con rudeza el trozo de galleta.

—De nada —contestó el joven sonriendo, mientras comía su mitad.

Entonces el tren anunció su partida. La señora se levantó furiosa del banco y subió a su vagón. Desde la ventanilla, vio al muchacho todavía sentado en el andén y pensó: "¡Qué insolente y mal educado! ¡Qué será de nuestro mundo!" De pronto sintió la boca reseca por el disgusto. Abrió su bolso para sacar la botella de agua y se quedó estupefacta cuando encontró allí su paquete de galletas intacto.

¿Cuántas veces nos hemos equivocado con otras personas y no hemos tenido tiempo de pedir excusas?
¿Hemos culpado a otros injustamente?

LA MARIPOSA PERDIDA*

Dijo una mujer: "Dios, habla conmigo".

Y entonces una alondra del campo cantó, pero la mujer no la escuchó.

La mujer exclamó: "¡Dios, háblame!"

Y un trueno resonó por todo el cielo, pero la mujer no lo escuchó.

La mujer miró a su alrededor y dijo: "Dios, déjame mirarte".

Y una estrella se iluminó, radiante, pero la mujer no se dio cuenta.

Y la mujer gritó de nuevo: "Dios, muéstrame un milagro".

Y una vida nació de un huevo, pero la mujer no lo notó.

Llorando desesperadamente, dijo: "Tócame, Dios, para saber que estás conmigo".

---

* "Dios, ¿eres real?" Tomado de Internet, 5 de noviembre de 2000.

Dios se inclinó y tocó la mujer. Pero ella se sacudió la mariposa.

¿Podemos sentir los llamados que nos hacen otras personas con sólo con mirarnos?
¿Por qué nos sentimos solos?

EL ÁRBOL DE LOS PROBLEMAS*

El carpintero que había contratado para que me ayudara a reparar una vieja granja acababa de finalizar su primer día de trabajo. Su cortadora eléctrica se había dañado, haciéndole perder una hora de trabajo, y su viejo camión se negaba a arrancar.

Mientras lo llevaba a su casa, permaneció en silencio. Cuando llegamos, me invitó a conocer a su familia. Mientras nos dirigíamos a la puerta, se detuvo brevemente frente a un pequeño árbol y tocó las puntas de las ramas con ambas manos.

Cuando se abrió la puerta, ocurrió una sorprendente transformación. Su bronceada cara estaba plena de sonrisas. Abrazó a sus dos pequeños hijos y le dio un beso entusiasta a su esposa.

---

* Contribución de Daniel Molina.

De regreso me acompañó hasta el carro. Cuando pasamos cerca del árbol, sentí curiosidad y le pregunté acerca de lo que lo había visto hacer un rato antes.

"Este es mi árbol de problemas —contestó—. Sé que no puedo evitar tener problemas en el trabajo, pero una cosa es segura: los problemas no pertenecen a la casa, ni a mi esposa, ni a mis hijos. Así que simplemente los cuelgo en el árbol cada noche cuando llego a casa, y en la mañana los recojo otra vez. Lo divertido —dijo sonriendo— es que cuando salgo a recogerlos, no hay tantos como los que recuerdo haber colgado la noche anterior".

¿Nuestra familia debe soportar los problemas que surgen en el trabajo?

¿Nuestra pareja o nuestros hijos tienen la culpa de lo que nos sucede fuera de casa?

Empuja la vaquita

Un sabio maestro paseaba por el bosque con su fiel discípulo, cuando vio a lo lejos un sitio de apariencia pobre, y decidió hacer una breve visita. Durante la caminata le comentó al aprendiz sobre la importancia de conocer lugares y personas, y sobre las oportunidades de aprendizaje que nos brindan estas experiencias.

La casa era de madera y sus habitantes, una pareja y sus tres hijos, vestían ropas sucias y rasgadas, y estaban descalzos. El maestro se aproximó al señor, aparentemente el padre de familia, y le dijo:

—En este lugar no existen posibilidades de trabajo ni puntos de comercio, ¿cómo hacen usted y su familia para sobrevivir?

El hombre respondió calmadamente:

—Amigo mío, nosotros tenemos una vaquita que nos da varios litros de leche todos los días. Parte de la leche la vendemos o la cambiamos por otros alimentos en la ciudad vecina, y con la restante elaboramos queso, cuajada y otros productos para nuestro consumo. Así es como vamos sobreviviendo.

El sabio agradeció la información y contempló el lugar por un momento, antes de despedirse y partir. A mitad de camino le ordenó a su fiel discípulo:

—¡Busca la vaquita, llévala al precipicio y empújala!

El joven lo miró espantado y le replicó que ese animal era el medio de subsistencia de la familia. Como percibió el silencio absoluto del maestro, cumplió la orden: empujó a la vaquita al barranco, y la vio morir. Aquella escena quedó grabada en su memoria.

Un día, el discípulo resolvió abandonar todo lo que había aprendido y regresar a aquel lugar para contarle la verdad a la familia y pedirle perdón. Así lo hizo, y a medida que se aproximaba veía todo muy bonito, diferente de como lo recordaba. Se sintió triste, imaginando que aquella humilde familia había debido vender su terreno para sobrevivir. Aceleró el paso y, al llegar, fue recibido por un señor muy simpático, al cual preguntó por las personas que vivían en ese lugar cuatro años atrás. El hombre le respondió que allí seguían.

Sobrecogido, el joven entró corriendo a la casa y confirmó que era la misma familia que había visitado algunos años antes con el maestro. Elogió el lugar y le preguntó al señor, el dueño de la vaquita:

—¿Cómo hizo para mejorar este lugar y cambiar de vida?

Emocionado, el hombre le respondió:

—Nosotros teníamos una vaquita que cayó por el precipicio y murió. De ahí en adelante nos vimos en la necesidad de hacer otras cosas y desarrollar otras habilidades que no sabíamos que teníamos; así alcanzamos el éxito que sus ojos ven ahora.

¿Por qué no te arriesgas a abandonar la "zona de confort" y enfrentas nuevas oportunidades?

¿Tu cotidianidad es un trabajo insatisfactorio, una herencia o una familia que te sostiene?

¿Vas a dejar que una "vaquita" oculte las oportunidades que se te presentan?

El HELADO DE VAINILLA[*]

La historia comienza cuando la división de la General Motors que fabrica los autos Pontiac recibió una curiosa reclamación de un cliente:

"Esta es la segunda vez que les envío una carta y no los culpo por no responder. Puedo parecerles un loco, pero el hecho es que tenemos una tradición en nuestra familia que consiste en comer helado después de cenar. Repetimos este hábito todas las noches, variando apenas el sabor del helado, y yo soy el encargado de ir a traerlo.

"Recientemente compré un nuevo Pontiac y desde entonces las idas a la heladería se han transformado en todo un problema: siempre que compro helado de vainilla y me dispongo a regresar a casa, el carro no funciona. Si compro de cualquier otro sabor, el carro funciona

---

* Contribución de Adriana Gaviria y Eduardo Bernal, vía Inter-

normalmente. Pensarán que estoy realmente loco y no importa qué tan tonta pueda parecer mi reclamación, el hecho es que estoy muy molesto con mi Pontiac modelo 99".

La carta generó tanta gracia entre el personal que el presidente de la compañía acabó recibiendo una copia. Decidió tomar en serio la reclamación y mandó a un ingeniero a entrevistarse con el cliente. Para cerciorarse del problema, fueron juntos a la heladería en el Pontiac.

El ingeniero sugirió comprar helado de vainilla, para verificar la reclamación, y efectivamente el automóvil no funcionó. Otro empleado de la General Motors volvió en los días siguientes, a la misma hora, hizo el mismo trayecto y sólo varió el sabor del helado. El auto funcionó normalmente.

El problema se convirtió en una obsesión para el ingeniero, que comenzó a hacer "experimentos" todos los días, anotando cada detalle. Después de dos semanas llegó al primer gran descubrimiento: cuando el cliente escogía helado de vainilla, gastaba menos tiempo en su compra porque ese helado estaba muy cerca del mostrador.

Examinando el vehículo, el ingeniero hizo un nuevo descubrimiento: como el tiempo de compra era mucho menor en el caso del helado de vainilla, el motor no alcanzaba a enfriarse. Por eso los vapores del combustible no se disipaban, impidiendo que el arranque del motor fuese instantáneo.

A partir de ese episodio, la General Motors cambió el sistema de alimentación de combustible del Pontiac e introdujo una modificación en todos los modelos. El autor de la reclamación obtuvo un auto nuevo, y además el arreglo del que no funcionaba cuando iba a comprar helado de vainilla.

La General Motors distribuyó un comunicado interno, exigiendo a sus empleados que tomen en serio todas las reclamaciones, incluso las más extrañas: puede ser que *una gran innovación esté detrás de un helado de vainilla*.

¿Cuántas empresas toman en serio los reclamos de sus clientes, con el fin de mejorar sus productos y servicios?

¿Nos preocupamos realmente por buscar las causas de los problemas?

ARMAR EL MUNDO*

Un científico que vivía preocupado con los problemas del mundo, estaba resuelto a encontrar los medios para disminuirlos. Pasaba días enteros en su laboratorio, buscando respuestas para sus dudas. Cierto día, su hijo de 7 años invadió ese santuario con la intención de ayudarlo a trabajar. El científico, nervioso por la interrupción, intentó hacer que el niño fuera a jugar en otro sitio. Viendo que sería imposible sacarlo de allí, procuró distraer su atención. Arrancó la hoja de una revista en la que se representaba el mundo, lo cortó en varios pedazos con unas tijeras y se lo entregó al niño con un rollo de cinta adhesiva, diciéndole:

---

* Esta historia, que se escucha con frecuencia, es atribuida a Guille Barbey.

—¿Te gustan los rompecabezas? Voy a darte el mundo para arreglar. Aquí está, todo roto. ¡Mira si puedes arreglarlo bien!

Calculó que al niño le llevaría días recomponer el mapa. Pocas horas después, oyó que lo llamaba:

—¡Papá, papá, lo hice! ¡Conseguí terminar todo!

Al principio, el científico no dio crédito a las palabras del niño. Era imposible que, a su edad, hubiera recompuesto un mapa que jamás había visto. Entonces levantó los ojos de sus anotaciones, seguro de que vería un trabajo digno de un niño. Para su sorpresa, el mapa estaba completo: todas las piezas estaban en el sitio indicado.

—Tú no sabías cómo es el mundo, hijo, ¿cómo lo conseguiste?

—No sabía cómo es el mundo, pero cuando arrancaste la hoja de la revista, vi que por el otro lado estaba la figura de un hombre. Intenté arreglar el mundo pero no lo conseguí. Fue entonces cuando le di la vuelta a los recortes y empecé a arreglar el hombre, que yo sabía cómo era. Al terminar, volteé la hoja y vi que había arreglado el mundo.

¿Qué le enseñó el hijo al padre?
¿Podemos arreglar el mundo sin referirnos a los seres humanos?

CUALQUIER PARECIDO...

Un recién nacido fue encontrado en la puerta del Banco Mundial al amanecer, cuando los primeros empleados llegaban a la oficina. Estos tomaron a su cargo a la criatura y presentaron el caso al presidente de la entidad, para que decidiera qué hacer. El presidente emitió el siguiente memorando:

De: Presidente
Para: Recursos Humanos
Tema: NH

Acusamos recibo del informe del hallazgo de un recién nacido de origen desconocido. Formen una comisión para investigar y determinar:

a) Si el encontrado es producto doméstico de la organización.

b) Si algún empleado se encuentra envuelto en el asunto.

Después de un mes de investigaciones, la comisión envió al presidente la siguiente comunicación:

De: Comisión de investigación
Para: Presidente
Tema: NH

Después de cuatro semanas de diligente investigación, concluimos que el N.N. no tiene ninguna conexión con esta organización. Los antecedentes que fundamentan esta conclusión son los siguientes:

a) En el banco, nunca nada ha sido hecho con placer o con amor.

b) Jamás dos personas de esta organización han colaborado tan íntimamente entre sí.

c) No encontramos antecedentes concluyentes que indiquen que en esta organización alguna vez se hubiera hecho algo que tuviera ni pies ni cabeza.

d) En esta organización jamás ha sucedido alguna cosa que estuviera lista en nueve meses.

SÓLO CON EL TIEMPO

Con el tiempo, te das cuenta de que si estás al lado de una persona sólo para acompañar tu soledad, irremediablemente acabarás deseando no volver a verla.

Con el tiempo, te das cuenta de que los amigos verdaderos valen mucho más que cualquier cantidad de dinero.

Con el tiempo, entiendes que los verdaderos amigos son contados, y que el que no lucha por ellos tarde o temprano se ve rodeado de falsas amistades.

Con el tiempo, aprendes que disculpar cualquiera lo hace, mientras que perdonar es sólo de almas grandes.

Con el tiempo, aprendes a construir todos tus caminos en el hoy, porque el terreno de mañana es demasiado incierto para hacer planes.

Con el tiempo, aunque seas feliz con los que están a tu lado, añoras terriblemente a los que se han marchado.

Con el tiempo, aprendes que intentar perdonar o pedir perdón, decir que amas, que extrañas, que necesitas, ya no tiene ningún sentido ante una tumba.

COPOS DE NIEVE*

Dos pájaros estaban posados sobre una rama durante una nevada, y se pusieron a conversar:

—Dime, ¿cuánto pesa un copo de nieve? —le preguntó el pájaro carbonero a la paloma salvaje.

—Casi nada —fue la respuesta.

—En tal caso, antes de irme déjame contarte una maravillosa historia —replicó el carbonero—. Al empezar este invierno me posé sobre la rama de un abeto. No era un duro invierno, y como no tenía otra cosa que hacer, me puse a contar los copos de nieve que se iban asentando en las ramitas y en las hojas de mi tallo. Su número exacto fue 3.741.952. Cuando el último copo de nieve se depositó sobre la

* Joseph Jarowski, *Sincronicidad. El camino interior hacia el liderazgo*. Barcelona, Paidós–Plural, 1999.

rama, sin que nada pasara, esta se partió —dijo el pájaro, y se alejó volando.

La paloma estuvo reflexionando un rato sobre esa historia y por fin se dijo:

—Quizá sólo haga falta la voz de una persona más para que la paz llegue al mundo.

Cada uno tiene en sus manos un copo de nieve. Si lo dejamos caer podemos cambiar una actitud o un hecho que parecía inmodificable. ¿La suma de muchos esfuerzos puede hacer la diferencia?

Aportamos a la conservación del agua solamente cerrando el grifo mientras nos lavamos los dientes.

¿Mejoraría el país si cada alumno aplicara toda su energía en el aprendizaje?

ASCENDER POR RESULTADOS*

Juan trabajaba en una empresa hacía dos años. Era muy serio, dedicado y cumplidor de sus obligaciones. Llegaba puntual y estaba orgulloso de que no haber recibido nunca una amonestación. Cierto día, buscó al gerente para hacerle un reclamo:

—Señor, trabajo en la empresa hace dos años con bastante esmero y estoy a gusto con mi puesto, pero siento que he sido dejado de lado. Mire, Fernando ingresó a un puesto igual al mío hace sólo seis meses y ya ha sido promovido a supervisor.

—¡Ajá! —contestó el gerente. Y mostrando cierta preocupación le dijo—: Mientras resolvemos esto quisiera pedirte que me ayudes con un problema. Quiero dar fruta para la

---

* Contribución de Héctor Daniel González, 21 de junio de 2001.

sobremesa del almuerzo de hoy. Por favor, averigua si en la tienda de enfrente tienen frutas frescas.

Juan se esmeró en cumplir con el encargo y a los cinco minutos estaba de vuelta.

—Bien, ¿qué averiguaste?

—Señor, tienen naranjas para la venta.

—¿Y cuánto cuestan?

—¡Ah! No pregunté.

—Bien. ¿Viste si tenían suficientes naranjas para todo el personal?

—Tampoco pregunté eso.

—¿Hay alguna fruta que pueda sustituir la naranja?

—No lo sé, señor, pero creo que…

—Bueno, siéntate un momento.

El gerente cogió el teléfono e hizo llamar a Fernando. Cuando se presentó, le dio las mismas instrucciones que a Juan, y en diez minutos estaba de vuelta. El gerente le preguntó:

—Bien, Fernando, ¿qué noticias me traes?

—Señor, tienen naranjas, las suficientes para atender a todo el personal, y si prefiere, tienen bananos, papayas, melones y mangos. La naranja está a 150 pesos el kilo; el banano, a 220 pesos la mano; el mango, a 90 pesos el kilo; la papaya y el melón, a 280 pesos el kilo. Me dicen que si la compra es por cantidades, nos darán un descuento de diez por ciento. Dejé separadas las naranjas, pero si usted escoge otra fruta debo regresar para confirmar el pedido.

—Muchas gracias, Fernando. Espera un momento.

Entonces se dirigió a Juan, que aún seguía allí:

—Juan, ¿qué me decías?

—Nada, señor... eso es todo. Con su permiso.

¿Nos limitamos a recibir órdenes, o le añadimos imaginación a nuestro trabajo?

¿Es útil que pongamos nuestro sello personal a las tareas que realizamos, más allá de las órdenes que recibimos?

EL GUSANITO

Un gusanito iba caminando en dirección al sol. Muy cerca del camino se encontraba un duendecillo.

—¿Hacia dónde te diriges? —le preguntó.

Sin dejar de caminar, el gusanito contestó:

—Tuve un sueño anoche: soñé que desde la cima de la gran montaña veía todo el valle. Me gustó lo que vi en el sueño, y he decidido realizarlo.

El duendecillo dijo, mientras lo veía alejarse:

—¡Debes estar loco! ¿Cómo podrás llegar hasta aquel lugar? ¡Tú, una simple oruga! Para alguien tan pequeño como tú, una piedra será una montaña; un pequeño charco, el mar, y cualquier tronco, una barrera infranqueable.

Pero el gusanito ya estaba lejos y no lo escuchó. De pronto se oyó la voz de un escarabajo:

—Amigo, ¿hacia dónde te diriges con tanto empeño?

El gusanito, jadeante, contestó:

—Tuve un sueño y deseo realizarlo: subiré esa montaña y desde ahí contemplaré todo el mundo.

El escarabajo soltó una carcajada y dijo:

—Ni yo, con estas patas tan grandes, intentaría una empresa así de ambiciosa —y se quedó riéndose, mientras la oruga continuaba su camino.

Del mismo modo, la araña, el topo, la rana y la flor aconsejaron a nuestro amigo desistir.

—¡No lo lograrás jamás! —le dijeron.

Pero en su interior había un impulso que lo obligaba a seguir. Agotado, sin fuerzas y a punto de morir, decidió detenerse para construir con su último esfuerzo un lugar donde pernoctar.

—Estaré mejor aquí —fue lo último que dijo, y murió.

Todos los animales del valle fueron a mirar sus restos. Ahí estaba el animal más loco del valle: había construido como tumba un monumento a la insensatez. Ese duro refugio era digno de quien había muerto por querer realizar un sueño imposible.

Una mañana en la que el sol brillaba de manera especial, todos los animales se congregaron en torno a aquello que se había convertido en una advertencia para los atrevidos. De pronto quedaron atónitos. La concha comenzó a quebrarse y aparecieron unos ojos y una antena que no podían pertenecer a la oruga muerta. Poco a poco, como para darles tiempo de reponerse del impacto, fueron saliendo las hermosas alas de aquel impresionante ser que tenían frente a ellos: una espléndida mariposa.

No había nada que decir, pues todos sabían lo que haría: se iría volando hasta la gran montaña y realizaría su sueño. El sueño por el que había vivido, había muerto y había vuelto a vivir.

¿Hemos cumplido nuestros sueños?

¿Crees en el refrán "si lo puedes soñar lo puedes conseguir"?

¿Alguien te desanimó cuando intentabas alcanzar tus metas?

LA FELICIDAD ESCONDIDA

Un poco antes de que la humanidad existiera, se reunieron varios duendes para hacer una travesura. Uno de ellos dijo:

—Debemos quitarles algo a los seres humanos, pero, ¿qué?

Después de mucho pensar, uno dijo:

—¡Ya sé! Vamos a quitarles la felicidad. El problema es dónde esconderla para que no puedan encontrarla.

Propuso el primero:

—Vamos a esconderla en la cima del monte más alto del mundo.

—No, recuerda que tienen fuerza; alguno podría subir y encontrarla, y si la encuentra uno, ya todos sabrán dónde está —replicó otro.

Se escuchó una nueva propuesta:

—Entonces vamos a esconderla en el fondo del mar.

Otro señaló:

—No, no olvides que son curiosos, alguno podría construir un aparato para bajar, y entonces la encontrarán.

—Escondámosla en un planeta bien lejano de la Tierra —propuso otro.

—No —le dijeron. Recuerda que les dieron inteligencia, y un día alguno va a construir una nave para viajar a otros planetas y la va a descubrir, y entonces todos tendrán felicidad.

El duende más veterano, que había permanecido en silencio escuchando atentamente cada una de las propuestas, dijo:

—Creo saber dónde ponerla para que nunca la encuentren.

Todos voltearon asombrados y preguntaron al unísono:

—¿Dónde?

—La esconderemos dentro de ellos mismos; estarán tan ocupados buscándola afuera que nunca la encontrarán.

Todos estuvieron de acuerdo, y desde entonces ha sido así: el hombre se pasa la vida buscando la felicidad sin saber que la lleva consigo.

LA GENTE QUE ME GUSTA*

Primero que todo me gusta la gente que vibra, que no hay que empujarla, que no hay que decirle que haga las cosas, que sabe lo que hay que hacer y lo hace en menos tiempo del esperado.

Me gusta la gente con capacidad para medir las consecuencias de sus actuaciones. La que no deja las soluciones al azar.

Me gusta la gente estricta con su gente y consigo misma, que no pierde de vista que somos humanos y que podemos equivocarnos.

Me gusta la gente que piensa que el trabajo en equipo, entre amigos, produce más que los caóticos esfuerzos individuales.

Me gusta la gente que sabe la importancia de la alegría.

---

* Revista *Enkasa*, de la empresa Enka de Colombia S.A. Medellín, febrero de 1996.

Me gusta la gente sincera y franca, capaz de oponerse con argumentos serenos y razonados a las decisiones de su jefe.

Me gusta la gente de criterio. La que no traga entero. La que no se avergüenza de reconocer que no sabe algo o que se equivocó. Y la que, al aceptar sus errores, se esfuerza genuinamente por no volver a cometerlos.

Me gusta la gente capaz de criticarme constructivamente y de frente: a estos los llamo mis amigos.

Me gusta la gente fiel y persistente que no desfallece cuando de alcanzar objetivos e ideales se trata.

Me gusta la gente de garra, que entiende los obstáculos como un reto.

Me gusta la gente que trabaja por resultados.

Con gente como esta me comprometo a lo que sea, así no reciba retribución económica alguna. Con haber tenido esa gente a mi lado, me doy por recompensado.

Retrato de un perseverante

La historia dice que este hombre fracasó en los negocios y cayó en bancarrota en 1831. Fue derrotado para la Legislatura de 1832. Su prometida murió en 1835. Sufrió un colapso nervioso en 1836. Fue vencido en las elecciones de 1836 y en las parlamentarias de 1843, 1846, 1848 y 1855. No tuvo éxito en su aspiración a la Vicepresidencia en 1856, y en 1858 fue derrotado en las elecciones para el Senado.

Este hombre obstinado fue Abraham Lincoln, elegido presidente de Estados Unidos en 1860.

¿Cuántas veces hemos escuchado la expresión "no se puede"?

¿Conoces el caso de pintores que crean hermosas obras de arte utilizando la boca o los pies?

Tony Meléndez toca guitarra con los pies. Él dio un concierto frente al Papa.

¿Qué seria de nosotros si perseveráramos en el estudio, la empresa o las relaciones sentimentales y familiares?

Pesimista y optimista*

El comportamiento de sus dos hijos tenía extrañados a los padres: ante la misma situación, uno reaccionaba con gran pesimismo, y el otro con marcado optimismo. Consultaron a un psicólogo, y este sometió a los chicos a una prueba. Encerró al pesimista en un cuarto con toda clase de juguetes y le dijo que hiciera con ellos cuanto quisiera. Al optimista lo llevó a un cuarto lleno de estiércol de caballo.

Cuando regresó algunas horas después, encontró al primero desolado frente a los juguetes, y le preguntó qué pasaba. Recibió esta respuesta: "El columpio me golpea las piernas; las fichas del rompecabezas me dañan las manos; ese acertijo me tiene con jaqueca; y aquel videojuego me toma mucho tiempo".

---

* Pedro Medina, gerente de McDonald's en Colombia y presentador del video "Yo creo en Colombia". Versión de JLG.

Entonces fue a ver al segundo chico, y lo encontró totalmente sucio, cubierto de porquería hasta la cabeza. Cuando le preguntó por qué estaba así, el niño le dijo: "Presiento que debajo de toda esta boñiga hay un pony, y lo estoy buscando".

Para el pesimista el vaso está medio vacío, para el optimista medio lleno.

¿Has notado que hay personas que buscan la solución a los problemas, mientras otras buscan problemas en la solución?

¿Quién tiene mayor probabilidad de lograr sus objetivos: un pesimista o un optimista?

EL CÍRCULO DEL ODIO*

Un importante empresario estaba enojado y regañó al director de uno de sus negocios. El director llegó a su casa y gritó a su esposa, acusándola de que estaba gastando demasiado porque había un abundante almuerzo en la mesa. La señora gritó a la empleada, que rompió un plato y le dio un puntapié al perro porque la hizo tropezar. El animal salió corriendo y mordió a una señora que pasaba por allí. Cuando ella fue a la farmacia para hacerse una curación, gritó al farmacéutico porque le dolió la aplicación de la vacuna. Este hombre llegó a su casa y le gritó a su madre porque la comida no era de su agrado. La señora, manantial de amor y perdón, le acarició la cabeza mientras le decía: "Hijo querido, te prometo que mañana

---

* Contribución de Carlos E. Morales, vía Internet.

haré tu comida favorita. Trabajas mucho, estás cansado y hoy precisas una buena noche de sueño. Voy a cambiar las sábanas de tu cama por otras bien limpias y perfumadas para que puedas descansar en paz. Mañana te sentirás mejor". Lo bendijo y abandonó la habitación, dejándolo solo con sus pensamientos.

¿La violencia genera más violencia?
¿Cómo podemos contribuir a romper la cadena de maltrato físico y verbal?
¿Pensamos antes de actuar?

LA PAZ PERFECTA

Cierto rey prometió un gran premio a aquel artista que pudiera captar en una pintura la paz perfecta. Muchos lo intentaron. El rey observó y admiró todas las obras, pero solamente hubo dos que en verdad le gustaron.

La primera mostraba un lago muy tranquilo, espejo perfecto donde se reflejaban las montañas circundantes. Sobre ellas se encontraba un cielo azul con tenues nubes blancas. Todos los que miraron esta pintura estuvieron de acuerdo en que reflejaba la paz perfecta.

La segunda también tenía montañas, pero estas eran escabrosas. Sobre ellas había un cielo oscuro, del cual caía un impetuoso aguacero con rayos y truenos. Montaña abajo parecía retumbar un espumoso torrente de agua.

Esta imagen no se revelaba para nada pacífica. Pero cuando el rey analizó el cuadro más cuidadosamente, observó que tras la cascada, en una grieta, crecía un delicado arbusto. En él había un nido y allí, en medio del rugir de la violenta caída de agua, un pajarito.

¿Cuál cree usted que fue la pintura ganadora? El rey escogió la segunda. La paz —explicó— no significa estar en un lugar sin ruidos, sin problemas, sin dolor. Significa que, aun en medio de estas circunstancias, nuestro corazón puede permanecer en calma.

También se desatan tormentas en torno a la paz. ¿Podemos mantenernos en nuestro lugar y disfrutar de lo que tenemos a pesar de las amenazas externas?

EL CÍRCULO DEL NOVENTA Y NUEVE*

Un rey muy triste tenía un sirviente que se mostraba siempre pleno y feliz. Todas las mañanas, cuando le llevaba el desayuno, lo despertaba tarareando alegres canciones de juglares. Siempre había una sonrisa en su cara, y su actitud hacia la vida era serena y alegre. Un día el rey lo mandó llamar y le preguntó:

—Paje, ¿cuál es el secreto?

—¿Qué secreto, Majestad?

—¿Cuál es el secreto de tu alegría?

—No hay ningún secreto, Alteza.

—No me mientas. He mandado cortar cabezas por ofensas menores que una mentira.

—Majestad, no tengo razones para estar triste. Su Alteza me honra permitiéndome

---

* Contribución de Rotolatinos desde San Vicente, Argentina, a través de su página web. No se cita el autor.

atenderlo. Tengo a mi esposa y a mis hijos viviendo en la casa que la corte nos ha asignado, estamos vestidos y alimentados, y además Su Alteza me premia de vez en cuando con algunas monedas que nos permiten darnos pequeños gustos. ¿Cómo no estar feliz?

—Si no me dices ya mismo el secreto, te haré decapitar —dijo el rey—. Nadie puede ser feliz por esas razones que has dado.

El sirviente sonrió, hizo una reverencia y salió de la habitación. El rey estaba furioso, no conseguía explicarse cómo el paje vivía feliz así, vistiendo ropa usada y alimentándose de las sobras de los cortesanos. Cuando se calmó, llamó al más sabio de sus asesores y le preguntó:

—¿Por qué él es feliz?

—Majestad, lo que sucede es que él está por fuera del círculo.

—¿Fuera del círculo? ¿Y eso es lo que lo hace feliz?

—No, Majestad, *eso es lo que no lo hace infeliz.*

—A ver si entiendo: ¿estar en el círculo lo hace infeliz? ¿Y cómo salió de él?

—Es que nunca entró.

—¿Qué círculo es ese?

—El círculo del noventa y nueve.

—Verdaderamente, no entiendo nada.

—La única manera para que entendiera sería mostrárselo con hechos. ¿Cómo? Haciendo entrar al paje en el círculo. Pero, Alteza, nadie puede obligar a nadie a entrar en el círculo. Si le damos la oportunidad, entrará por sí mismo.

—¿Pero no se dará cuenta de que eso es su infelicidad?

—Sí se dará cuenta, pero no lo podrá evitar.

—¿Dices que él se dará cuenta de la infelicidad que le causará entrar en ese ridículo círculo, y de todos modos lo hará?

—Tal cual, Majestad. Si usted está dispuesto a perder un excelente sirviente para entender la estructura del círculo, lo haremos. Esta noche pasaré a buscarlo. Debe tener preparada una bolsa de cuero con noventa y nueve monedas de oro.

Así fue. El sabio fue a buscar al rey y juntos se escurrieron hasta los patios del palacio y se ocultaron junto a la casa del paje. El sabio guardó en la bolsa un papel que decía: "Este tesoro es tuyo. Es el premio por ser un buen hombre. Disfrútalo y no le cuentes a nadie cómo lo encontraste".

Cuando el paje salió por la mañana, el sabio y el rey lo estaban espiando. El sirviente leyó la nota, agitó la bolsa y al escuchar el sonido metálico se estremeció. La apretó contra el pecho, miró hacia todos lados y cerró la puerta.

El rey y el sabio se acercaron a la ventana para ver la escena. El sirviente había tirado todo lo que había sobre la mesa, dejando sólo una vela, y había vaciado el contenido de la bolsa. Sus ojos no podían creer lo que veían: ¡una montaña de monedas de oro! El paje las tocaba, las amontonaba y las alumbraba con la vela. Las juntaba y desparramaba, jugaba con ellas… Así, empezó a hacer pilas de diez monedas. Una pila de diez, dos pilas de diez, tres, cuatro, cinco pilas de diez… hasta que formó la última pila: ¡nueve monedas! Su mirada recorrió la mesa primero, luego el piso y finalmente la bolsa.

"No puede ser", pensó. Puso la última pila al lado de las otras y confirmó que era más baja. "Me robaron —gritó—, me robaron,

¡malditos!" Una vez más buscó en la mesa, en el piso, en la bolsa, en sus ropas. Corrió los muebles, pero no encontró nada. Sobre la mesa, como burlándose de él, una montañita resplandeciente le recordaba que había noventa y nueve monedas de oro. "Es mucho dinero —pensó—, pero me falta una moneda. Noventa y nueve no es un número completo. Cien es un número completo, pero noventa y nueve no".

El rey y su asesor miraban por la ventana. La cara del paje ya no era la misma, tenía el ceño fruncido y los rasgos tensos, los ojos se veían pequeños y la boca mostraba un horrible rictus. El sirviente guardó las monedas y, mirando para todos lados con el fin de cerciorarse de que nadie lo viera, escondió la bolsa entre la leña. Tomó papel y pluma y se sentó a hacer cálculos. ¿Cuánto tiempo tendría que ahorrar para comprar su moneda número cien? Hablaba solo, en voz alta. Estaba dispuesto a trabajar duro hasta conseguirla; después, quizás no necesitaría trabajar más. Con cien monedas de oro un hombre puede dejar de trabajar. Con cien monedas de oro un hombre es rico. Con cien monedas de oro se puede vivir tranquilo. Si trabajaba y ahorraba, en once o doce años juntaría lo necesario. Hizo cuentas: sumando su salario y el de su esposa, reuniría el dinero en siete años. ¡Era demasiado tiempo! Pero, ¿para qué tanta ropa de invierno?, ¿para qué más de un par de zapatos? En cuatro años de sacrificios llegaría a su moneda cien.

El rey y el sabio volvieron al palacio.

El paje había entrado en el círculo del noventa y nueve. Durante los meses siguientes, continuó con sus planes de ahorro. Una mañana entró a la alcoba real golpeando las puertas y refunfuñando.

—¿Qué te pasa? —le preguntó el rey de buen modo.

—Nada —contestó el otro.

—No hace mucho, reías y cantabas todo el tiempo.

—Hago mi trabajo, ¿no? ¿Qué querría Su Alteza, que fuera también su bufón y juglar?

No pasó mucho tiempo antes de que el rey despidiera al sirviente. No era agradable tener un paje que estuviera siempre de mal humor.

¿La felicidad consiste en tener bienes tales como autos, joyas y propiedades?

¿La felicidad está en tener títulos, diplomas y halagos públicos?

¿Sabemos identificar los momentos que nos hacen realmente felices?

LA CASA IMPERFECTA*

Un maestro de construcción ya entrado en años estaba listo para retirarse a disfrutar su pensión de jubilación. Le contó a su jefe acerca de sus planes de dejar el trabajo para llevar una vida más placentera con su esposa y su familia. Iba a extrañar su salario mensual, pero necesitaba retirarse; ya se las arreglarían de alguna manera.

El jefe se dio cuenta de que era inevitable que su buen empleado dejara la compañía y le pidió, como favor personal, que hiciera el último esfuerzo: construir una casa más. El hombre accedió y comenzó su trabajo, pero se veía a las claras que no estaba poniendo el corazón en lo que hacía. Utilizaba materiales de inferior calidad, y su trabajo, lo mismo que

* Contribución de Daniel Molina, 1° de noviembre de 2001.

el de sus ayudantes, era deficiente. Era una infortunada manera de poner punto final a su carrera.

Cuando el albañil terminó el trabajo, el jefe fue a inspeccionar la casa y le extendió las llaves de la puerta principal. "Esta es tu casa, querido amigo —dijo—. Es un regalo para ti".

Si el albañil hubiera sabido que estaba construyendo su propia casa, seguramente la hubiera hecho totalmente diferente. ¡Ahora tendría que vivir en la casa imperfecta que había construido!

Solemos ignorar que algunas veces somos "víctimas de nuestro propio invento". ¿Nos damos cuenta de que todos los días construimos "la casa" de nuestra vida?

LA CARRETA VACÍA

Cierta mañana, mi padre me invitó a dar un paseo por el bosque y yo acepté con placer. Se detuvo en una curva y después de un pequeño silencio me preguntó:

—Además del cantar de los pájaros, ¿escuchas algo?

Agucé mis oídos y algunos segundos después le respondí:

—Estoy escuchando el ruido de una carreta.

—Eso es —dijo mi padre—. Es una carreta vacía.

—¿Cómo sabes que está vacía, si aún no la vemos? —le pregunté.

Y él respondió:

—Es muy fácil saber que una carreta está vacía, por causa del ruido. Cuanto menos cargada está una carreta, mayor es el ruido que hace.

Me convertí en adulto y aún hoy, cuando veo a una persona hablando demasiado, a una persona inoportuna, que interrumpe la conversación de todo el mundo, tengo la impresión de oír la voz de mi padre diciendo: *Cuanto menos cargada está una carreta, mayor es el ruido que hace.*

Reconocemos el "ruido" que produce la gente frívola. ¿Recuerdas el refrán "se es dueño de lo que se calla y esclavo de lo que se dice"?

¿Nos dejamos deslumbrar por las apariencias?

EL SOLDADO AMIGO*

Un soldado le dijo a su teniente:

—Mi amigo no ha regresado del campo de batalla, señor. Solicito permiso para ir a buscarlo.

—Permiso denegado —replicó el oficial—. No quiero que arriesgue su vida por un hombre que probablemente ha muerto.

El soldado, sin hacer caso, salió. Una hora más tarde regresó, mortalmente herido, transportando el cadáver de su amigo. El oficial estaba furioso:

—¡Le dije que había muerto! Dígame: ¿merecía la pena ir allá para traer un cadáver?

Y él soldado, casi moribundo, respondió:

—¡Claro que sí, señor! Cuando lo encontré, todavía estaba vivo y pudo decirme: "¡Estaba seguro de que vendrías!"

---

* Contribución de Zac Holland, 22 de enero de 2002.

Una mano amiga en momentos difíciles es invaluable.

¿Qué mensaje recibió el teniente mediante el acto heroico del soldado?

GANADORES Y PERDEDORES

➤ Cuando un ganador comete un error, dice:
"Me equivoqué y aprendí la lección".
Cuando un perdedor comete un error, dice:
"No fue mi culpa", y se la atribuye a otros.

➤ Un ganador sabe que el infortunio es el mejor
de los maestros.
Un perdedor se siente víctima de la adversidad.

➤ Un ganador sabe que el resultado de las cosas
depende de él.
Un perdedor cree que la mala suerte existe.

➤ Un ganador trabaja muy fuerte y se permite
más tiempo para sí mismo.
Un perdedor está siempre muy ocupado, y no
tiene tiempo ni para los suyos.

➤ Un ganador enfrenta los retos uno a uno.

Un perdedor les da vueltas y vueltas y no se atreve a intentarlo.

➤ Un ganador se compromete, da su palabra y la cumple.
Un perdedor hace promesas, no asegura nada y, cuando falla, sólo se justifica.

➤ Un ganador dice: "Soy bueno, pero voy a ser mejor".
Un perdedor dice: "No soy tan malo como mucha otra gente".

➤ Un ganador escucha, comprende y responde.
Un perdedor sólo espera hasta que le toque su turno para hablar.

➤ Un ganador respeta a los que saben más que él y trata de aprender de ellos.
Un perdedor se resiste ante los que saben más que él y sólo se fija en sus defectos.

➤ Un ganador se siente responsable por algo más que su trabajo.

Un perdedor no se compromete y siempre dice: "Yo sólo hago mi trabajo".

➤ Un ganador dice: "Debe haber una mejor forma de hacerlo".
Un perdedor dice: "Esta es la manera en que siempre lo hemos hecho".

➤ Un ganador es parte de la solución.
Un perdedor es parte del problema.

➤ Un ganador se fija en toda la pared.
Un perdedor se fija en el ladrillo que le corresponde poner.

➤ Un ganador, como usted, comparte este mensaje con sus amigos.
Un perdedor, como los otros, se lo guarda para sí mismo.

TODOS SOMOS ÁGUILAS

Un campesino fue al bosque con el objeto de atrapar un pájaro para tenerlo cautivo en su casa. Consiguió cazar un pichón de águila y lo puso en el gallinero, junto con las gallinas, donde recibía el mismo tratamiento que estas.

Después de cinco años, el campesino recibió la visita de un naturalista. Mientras paseaban por el jardín, este dijo:

—Ese pájaro no es una gallina; es un águila.

—Así es —contestó el campesino—. Pero yo la crié como gallina, y ya no es un águila. Se transformó en una gallina como las otras, a pesar de tener alas de casi tres metros.

—Se equivoca —replicó el naturalista—. Ella es y será siempre un águila, pues tiene corazón de águila. Ese corazón la hará volar a las alturas algún día.

—No, no —insistió el campesino—. Se convirtió en gallina, y jamás volará como águila.

Entonces decidieron hacer una prueba. El naturalista levantó el águila y la desafió:

—Ya que eres un águila, ya que perteneces al cielo y no a la tierra, ¡abre tus alas y vuela...!

El águila se posó sobre el brazo extendido del naturalista. Miró distraídamente alrededor y, al ver a las gallinas allá abajo, picoteando granos, saltó junto a ellas. El campesino comentó:

—Le dije que se convirtió en gallina...

—No —insistió el naturalista—, es un águila. Y un águila será siempre un águila. Haremos mañana un nuevo experimento.

Al día siguiente, el naturalista se subió al techo de la casa, con el águila, y le susurró:

—Ya que eres un águila, ¡abre tus alas y vuela!

De nuevo, el águila vio a las gallinas picoteando el suelo, y saltó junto a ellas. El campesino sonrió y volvió a la carga:

—Se lo dije: ¡se convirtió en gallina!

—No —respondió firmemente el naturalista—. Es un águila, y siempre tendrá corazón de águila. Vamos a experimentar por última vez. Mañana la haré volar.

Al día siguiente, el naturalista y el campesino se levantaron bien temprano. Llevaron al águila a las afueras de la ciudad, lejos de las casas de los hombres, en lo alto de una montaña. El sol naciente doraba los picos de la cordillera. El naturalista levantó el animal y le ordenó:

—Ya que eres un águila, ya que perteneces al cielo y no a la tierra, ¡abre tus alas y vuela!

El ave miró alrededor. Temblaba, como si se enfrentara a una nueva vida. Pero no voló. Entonces, el naturalista la tomó firmemente, la puso en dirección al sol, para que sus ojos pudiesen llenarse de la vastedad del horizonte, y la arrojó al vacío. En ese momento, el águila abrió sus potentes alas, graznó el típico *kau kau* de estas aves y se levantó, soberana, sobre sí misma. Se alejó volando, cada vez más alto, hasta confundirse con el azul del firmamento.

¿Cómo recuperamos nuestra capacidad de volar?

¿Somos capaces de correr el riesgo de hacer algo nuevo?

¿Nos comportamos como gallinas, conformándonos con los granos de maíz que hay en el suelo?

QUEMAR LAS NAVES

Alrededor del año 335 a.C., al llegar a la costa de Fenicia, Alejandro Magno debió enfrentar una de sus más grandes batallas. Al desembarcar, comprendió que los soldados enemigos superaban tres veces el tamaño de su gran ejército. Sus hombres estaban atemorizados y no encontraban motivación para enfrentar la lucha: habían perdido la fe y se daban por derrotados. El temor había acabado con aquellos guerreros invencibles.

Cuando Alejandro hubo desembarcado sus tropas en la costa enemiga, dio la orden de que fueran quemadas todas las naves. Mientras los barcos se consumían en llamas y se hundían en el mar, reunió a sus hombres y les dijo: "Observen cómo se queman los barcos. Esta es la única razón por la que debemos vencer, ya que si no ganamos, no podremos volver a nuestros hogares y ninguno de nosotros podrá reunirse con su familia nuevamente, ni podrá abandonar esta tierra que hoy despreciamos. Debemos salir victoriosos en esta batalla, pues sólo hay un camino de vuelta, y es por mar. Caballeros, cuando regresemos a casa, lo haremos de la única forma posible: en los barcos de nuestros enemigos".

El ejército de Alejandro venció en aquella batalla, y regresó a su tierra a bordo de las naves conquistadas.

¿Hemos sentido, alguna vez, que no hay vuelta atrás?

¿Podemos adaptarnos a nuevas circunstancias teniendo en cuenta el futuro?

EL PESO DEL RENCOR*

El tema del día era el resentimiento, y el maestro nos había pedido que lleváramos papas y una bolsa de plástico. Debíamos tomar una papa por cada persona a la que guardáramos resentimiento, escribir su nombre en la papa y guardarla en la bolsa. Algunas bolsas eran realmente pesadas. El ejercicio consistía en llevar la bolsa con nosotros durante una semana. Naturalmente, la condición de las papas se iba deteriorando con el tiempo.

La incomodidad de acarrear esa bolsa en todo momento me mostró claramente el peso espiritual que cargaba a diario y me señaló que, mientras ponía mi atención en ella para no olvidarla en ningún lado, desatendía cosas más importantes. Descubrí entonces que todos

---

* Enviado a Ana Luisa Cid Fernández por Daniel Molina, Comodoro Rivadavia, Argentina, vía Internet.

tenemos papas pudriéndose en nuestra "mochila" sentimental.

Este ejercicio fue una gran metáfora del precio que pagaba a diario por mantener el resentimiento derivado de cosas pasadas, que no pueden cambiarse. Me di cuenta de que cuando dejaba de lado los temas incompletos o las promesas no cumplidas, me llenaba de resentimiento. Mi nivel de estrés aumentaba, no dormía bien y mi atención se dispersaba. Perdonar y "dejar ir" me llenó de paz, alimentando mi espíritu.

La falta de perdón es como un tóxico que tomamos a gotas cada día, hasta que finalmente termina por envenenarnos. Muchas veces pensamos que el perdón es un regalo para el otro, y no nos damos cuenta de que los únicos beneficiados somos nosotros mismos.

El perdón es una declaración que puedes y debes renovar a diario. Muchas veces la persona más importante a la que tienes que perdonar es a ti mismo, por todas las cosas que no fueron de la manera como pensabas. La declaración de magnanimidad es la clave para liberarte. ¿Con qué personas estás resentido? ¿A quiénes no te es posible perdonar? ¿Eres infalible, y por eso no puedes perdonar los errores ajenos? Perdona, y así serás perdonado. Recuerda que con la vara que mides serás medido.

¿Por qué seguimos cargando el peso del rencor?

¿Quién gana y quién pierde con una actitud de resentimiento?

LAS CICATRICES DE LOS CLAVOS*

Esta es la historia de un muchachito que tenía muy mal carácter. Su padre le dio una bolsa de clavos y le dijo que cada vez que perdiera la paciencia, debería clavar uno detrás de la puerta.

El primer día, el muchacho clavó 37 clavos. Durante los días que siguieron, a medida que aprendía a controlar su temperamento, clavaba cada vez menos. Descubrió que era más fácil dominarse que clavar clavos detrás de la puerta.

Llegó el día en que pudo controlar su carácter durante todo el día. Su padre le sugirió que retirara un clavo por cada día que lograra dominarse.

---

* Contribución de Sonia Garay Garay, Valparaíso, Chile, 22 de enero de 2002.

Los días pasaron, y pudo anunciar a su padre que no quedaban clavos por retirar. El hombre lo tomó de la mano, lo llevó hasta la puerta y le dijo: "Has trabajado duro, hijo mío, pero mira esos hoyos en la madera: nunca más será la misma. Cada vez que pierdes la paciencia, dejas cicatrices como las que aquí ves. Puedes insultar a alguien y retirar lo dicho, pero la cicatriz perdurará para siempre".

Hay palabras ofensivas tales como "estúpido", "inútil", "vago" o "deshonesto".
¿Cuántas relaciones se rompen por utilizar este tipo de palabras con los demás?

Veremos*

Mi amigo tiene una granja. Como le encanta hacer las cosas a la antigua, no posee ningún equipo mecánico y usa un caballo para arar su campo. Un día, mientras estaba arando, el caballo se desplomó, muerto. En el pueblo todos compadecieron a mi amigo.

—¡Oh, qué terrible que le haya sucedido eso! —le dijeron.

Él se limitó a contestar:

—Veremos.

Estaba tranquilo y en paz, y admirábamos tanto su actitud que nos pusimos de acuerdo y le regalamos un caballo. Entonces la reacción general fue exclamar:

—¡Qué hombre de suerte!

* Bernie S. Siegel, *Amor, paz y autocuración*. Barcelona, Urano, 1990, p. 230.

Y él dijo:

—Veremos.

Unos días después el caballo, que aún desconocía la granja, saltó una cerca y escapó, y todos exclamaron:

—¡Oh, pobre hombre!

—Veremos —dijo él de nuevo.

Y lo mismo repitió una semana después, cuando el caballo regresó seguido por una docena de potros sin domar.

Al día siguiente, su hijo salió a pasear a caballo, se cayó y se rompió la pierna.

—¡Pobre muchacho! —se compadeció todo el pueblo.

Y mi amigo dijo:

—Veremos.

Pocos días después llegó al pueblo el ejército, para reclutar a todos los jóvenes en edad de prestar el servicio militar, pero a su hijo lo dejaron porque tenía la pierna rota.

—¡Vaya chico con suerte! —comentaron los vecinos.

Y mi amigo dijo:

—Veremos.

Tenemos la tendencia a atribuir lo que nos ocurre a rachas de suerte. Un aforismo anónimo dice: "Suerte es salir a buscar, aprovechar el momento y valor para actuar".

Las situaciones, buenas o malas, pueden modificarse rápidamente. El mundo cambia.

LA PARÁBOLA DEL CABALLO*

Un campesino que enfrentaba muchas dificultades poseía algunos caballos que lo ayudaban en los trabajos de su pequeña hacienda. Un día, su capataz le trajo la noticia de que uno de los mejores caballos había caído en un viejo pozo abandonado. Era muy profundo, y resultaría extremadamente difícil sacarlo de allí.

El campesino fue rápidamente al lugar del accidente y evaluó la situación, dándose cuenta de que el animal no se había lastimado. Pero, por la dificultad y el costo del rescate, concluyó que no valía la pena, y pidió al capataz que sacrificara al caballo tirando tierra al pozo hasta enterrarlo. Y así se hizo.

A medida que la tierra le caía encima, el animal la sacudía. Esta se acumuló poco a poco

---

* Contribución de Héctor Daniel González, 4 de junio de 2001.

en el fondo del pozo, permitiéndole subir. Los hombres se dieron cuenta de que el caballo no se dejaba enterrar sino que, al contrario, estaba subiendo, hasta que finalmente consiguió salir del socavón.

¿Somos los suficientemente perspicaces para no dejarnos enterrar por otros?

Los problemas pueden convertirse en oportunidades. En chino la palabra "crisis" se escribe igual a la palabra "oportunidad".

EL PROBLEMA

Un gran maestro y un guardián compartían la administración de un monasterio zen. Cierto día el guardián murió, y había que sustituirlo. El gran maestro reunió a todos sus discípulos para escoger a quien tendría ese honor. "Voy a presentarles un problema —dijo—. Aquel que lo resuelva primero será el nuevo guardián del templo". Trajo al centro de la sala un banco, puso sobre este un enorme y hermoso florero de porcelana con una hermosa rosa roja y señaló: "Este es el problema".

Los discípulos contemplaban perplejos lo que veían: los diseños sofisticados y raros de la porcelana, la frescura y elegancia de la flor… ¿Qué representaba aquello? ¿Qué hacer? ¿Cuál era el enigma? Todos estaban paralizados. Después de algunos minutos, un alumno se levantó, miró al maestro y a los demás discípulos, caminó hacia el vaso con determinación y lo tiró al suelo.

"Usted es el nuevo guardián —le dijo el gran maestro, y explicó—: Yo fui muy claro, les dije que estaban delante de un problema. No importa qué tan bellos y fascinantes sean, los problemas tienen que ser resueltos. Puede tratarse de un vaso de porcelana muy raro, un bello amor que ya no tiene sentido, un camino que debemos abandonar pero que insistimos en recorrer porque nos trae comodidades. Sólo existe una forma de lidiar con los problemas: atacarlos de frente. En esos momentos no podemos tener piedad, ni dejarnos tentar por el lado fascinante que cualquier conflicto lleva consigo".

¿Cuántas veces, frente a un problema, no sabemos si resolverlo o convivir con él?

¿Por qué no rompemos un negocio, una relación o una empresa, si tenemos claro que sólo nos trae complicaciones?

¿No es arrogante la idea de que podemos solucionar cualquier problema?

EL MEJOR OBSEQUIO

A un amigo mío llamado David, su hermano le dio un automóvil como regalo de Navidad. Cuando David salió de su oficina, vio que un niño estaba al lado del brillante auto nuevo, admirándolo.

—¿Este es su auto, señor? —preguntó.

David afirmó con la cabeza y dijo:

—Mi hermano me lo dio de Navidad.

El niño estaba asombrado.

—¿Quiere decir que su hermano se lo regaló y a usted no le costó nada? Vaya, cómo me gustaría...

Desde luego, David sabía lo que el niño iba a decir: que le gustaría tener un hermano así. Pero lo que dijo estremeció a David de pies a cabeza.

—Me gustaría poder ser un hermano así.

David miró al niño con asombro e impulsiva-mente añadió:

—¿Te gustaría dar una vuelta en mi auto?

—¡Oh, sí, eso me encantaría!

Después de un corto paseo, el niño preguntó, con los ojos chispeantes:

—Señor, ¿no le importaría que pasáramos frente a mi casa?

David sonrió. Creía saber lo que el muchacho quería: enseñar a sus vecinos que podía llegar a casa en un gran automóvil. Pero, de nuevo, estaba equivocado.

—¿Se puede detener donde están esos dos escalones? —pidió el niño.

Subió corriendo y en poco rato David lo vio regresar, pero no venía rápido. Llevaba consigo a su hermanito lisiado. Lo sentó en el primer escalón y señaló hacia el auto.

—¿Lo ves? Allí está, Juan, tal como te lo dije, allí al frente. Su hermano se lo regaló de Navidad y a él no le costó ni un centavo, y algún día yo te voy a regalar uno igualito; entonces, podrás ver por ti mismo todas las cosas bonitas de los escaparates de Navidad, de las que te he hablado.

David se bajó del carro y sentó al niño enfermo en el asiento delantero. El otro niño, con los ojos radiantes, se subió en la parte de atrás, y emprendieron un paseo navideño memorable.

Esa Nochebuena, David comprendió lo que siempre le había oído decir a sus maestros y a sus padres: *Hay más dicha en dar que en recibir.*

¿Podemos ponerle precio a un abrazo?

MATAR LA CREATIVIDAD

La creatividad, madre de la innovación, es una cuali-
dad escasa que se apoya en el lóbulo derecho del cerebro,
donde están la intuición, el arte y la inspiración. Sin
embargo, los creativos tienen que luchar permanente-
mente con los pragmáticos, los "lógicos", los que tienen
la experiencia. Estas son algunas de las frases que se oyen
cuando los creativos disparan su chispa.

➤ "No sueñes".
➤ "Ni lo sueñes".
➤ "No tenemos tiempo".
➤ "El costo es muy alto".
➤ "No es problema suyo".
➤ "Es demasiado trabajo".
➤ "¡Oh no, esa idea otra vez, no!"
➤ "El argumento es válido, pero..."
➤ "Buena idea, pero no es factible".
➤ "Deja de volar por las nubes y baja a la tierra".
➤ "La gerencia va a tener problemas con esto".

- "Por el momento, dejemos esa idea de lado".
- "Están acostumbrados a otra cosa".
- "¿De dónde sacaste semejante idea?"
- "Exigiría un esfuerzo muy grande".
- "Hasta ahora nos ha ido bien sin eso".
- "Siempre lo hemos hecho así".
- "Se adelanta a su tiempo".
- "No fue presupuestado".
- "Es demasiado radical".
- "Quédese en su lugar".
- "Se reirán de nosotros".
- "No muevan el bote".
- "No van a aceptarlo".
- "No se ha hecho nunca".
- "No va a funcionar".
- "¡Otra vez los jóvenes!"
- "No es rentable".

EL REGALO FURTIVO

Un chico había nacido con una enfermedad que no tenía cura. A sus 17 años, podía morir en cualquier momento. Siempre había permanecido en casa, al cuidado de su madre, pero estaba harto y decidió salir solo por una vez. Visitó muchos almacenes y, al pasar por uno de música, vio a una jovencita primorosa de su misma edad. Fue amor a primera vista. Abrió la puerta y entró sin mirar nada que no fuera ella. Acercándose poco a poco, llegó al mostrador donde se encontraba la chica, que lo miró y le dijo, con una sonrisa:

—¿Te puedo ayudar en algo?

Él pensó que era la sonrisa más hermosa que había visto en toda su vida. Sintió deseos de besarla en ese instante. Tartamudeando, le dijo:

—Sí, eeehhh, uuuhhh… me gustaría comprar un disco —y sin pensarlo, tomó el primero que vio y le dio el dinero.

—¿Quieres que te lo envuelva? —preguntó la joven, sonriendo de nuevo.

Él asintió con la cabeza y ella fue a la oficina, para volver con el paquete envuelto. Lo tomó y se fue.

Desde entonces, todos los días visitaba la tienda y compraba un disco. La muchacha siempre lo envolvía, y él se lo llevaba y lo guardaba en su clóset. Era muy tímido para invitarla a salir y, aunque trataba, no podía. Su mamá se dio cuenta y le dio ánimo, así que al día siguiente él se armó de coraje y se dirigió a la tienda. Compró un disco y, como siempre, ella se fue a envolverlo. Él tomó el paquete y, mientras la joven no lo miraba, dejó su número de teléfono en el mostrador y salió corriendo.

Al otro día, repicó el teléfono de la casa y la mamá contestó. Era la muchacha del almacén, preguntando por su hijo. La señora comenzó a llorar y le dijo:

—¿No lo sabes? Murió ayer.

Hubo un silencio prolongado, roto solamente por los sollozos de la madre. Días más tarde, la señora entró en el cuarto de su hijo. Al abrir el clóset, se topó con montones de cajitas en papel de regalo. Como esto le causó curiosidad, tomó uno de los paquetes y se sentó sobre la cama para abrirlo. Al hacerlo, un pequeño pedazo de papel salió de la cajita plástica. Era una nota que decía: "¡Hola! Estás muy guapo. ¿Quieres salir conmigo? Te quiere, Sofía".

Con emoción, la madre abrió otro paquete, y otro, y otro, y al hacerlo encontró muchas notas; todas decían lo mismo con distintas palabras.

¿Perdemos a personas importantes cuando no expresamos nuestros sentimientos oportunamente?

¿Es difícil para ti expresar los sentimientos?

¿Cómo habría vivido este joven sus últimos días si hubiera visto las notas de la muchacha?

EL ÁRBOL DE MANZANAS*

Este era un enorme árbol de manzanas al cual un niño amaba mucho. Todos los días jugaba a su alrededor, trepaba hasta el tope, comía sus frutos y tomaba la siesta bajo su sombra. El árbol también lo quería mucho.

Pasó el tiempo, el niño creció y no volvió a jugar alrededor del árbol. Un día regresó y escuchó que este le decía con cierta tristeza:

—¿Vienes a jugar conmigo?

Pero el muchacho contestó:

—Ya no soy el niño de antes que juega alrededor de los árboles. Ahora quiero tener juguetes, y necesito dinero para comprarlos.

—Lo siento —dijo el árbol—. No tengo dinero, pero te sugiero que tomes todas mis manzanas y las vendas; así podrás comprar tus juguetes.

---

* Contribución de Andrés Bernal, Lima.

El muchacho tomó las manzanas, obtuvo el dinero y se sintió feliz. También el árbol fue feliz, pero el muchacho no volvió. Tiempo después, cuando regresó, el árbol le preguntó:

—¿Vienes a jugar conmigo?

—No tengo tiempo para jugar; debo trabajar para mi familia y necesito una casa para mi esposa e hijos. ¿Puedes ayudarme?

—Lo siento —repuso el árbol—. No tengo una casa, pero puedes cortar mis ramas y construir tu casa.

El hombre cortó todas las ramas del árbol, que se sintió feliz, y no volvió. Cierto día de un cálido verano, regresó. El árbol estaba encantado.

—¿Vienes a jugar conmigo? —le preguntó.

—Me siento triste, estoy volviéndome viejo. Quiero un bote para navegar y descansar, ¿puedes dármelo?

El árbol contestó:

—Usa mi tronco para construir uno; así podrás navegar y serás feliz.

El hombre cortó el tronco, construyó su bote y se fue a navegar por un largo tiempo. Regresó después de muchos años y el árbol le dijo:

—Lo siento mucho, pero ya no tengo nada que darte, ni siquiera manzanas.

El hombre replicó:

—No tengo dientes para morder ni fuerzas para escalar, ya estoy viejo.

Entonces el árbol, llorando, le dijo:

—Realmente no puedo darte nada. Lo único que me queda son mis raíces muertas.

Y el hombre contestó:

—No necesito mucho ahora, sólo un lugar para reposar. Estoy cansado después de tantos años…

—Bueno —dijo el árbol—, las viejas raíces de un árbol son el mejor lugar para recostarse y descansar. Ven, siéntate conmigo y descansa.

El hombre se sentó junto al árbol y este, alegre y risueño, dejó caer algunas lágrimas.

¿Estamos a tiempo aún para retribuir el cariño a quienes nos lo dan generosamente?

¿Cuál es el límite del altruismo? ¿Podemos pedir sin dar nada a cambio?

¿El amor debe ser un sentimiento de doble vía?

CÓMO APROVECHAR MEJOR ESTA LECTURA*

PRIMERA REGLA: RESPETAR

Siempre que use una parte de *La culpa es de la vaca*, y cuando sea el caso, por favor dé crédito a los autores o compiladores. Esta regla debe ser respetada por todos. Nosotros hacemos referencia del autor o de la fuente porque es el principio del respeto por la creatividad del otro lo que nos da autoridad moral para insistir en este punto.

SEGUNDA REGLA: COMPARTIR

Cada vez que crea que puede hacer pedagogía con alguna parte de *La culpa es de la vaca*,

---

* Para darnos a conocer sus impresiones sobre estas lecturas, puede comunicarse a las direcciones electrónicas jjlope@telesat.com.co y martainesb@telesat.com.co.

¡adelante! ¿Cuántas veces en una conversación, o en una reunión social, o con su equipo de trabajo, o en su familia, usted puede ayudar a otra persona a través de parábolas, anécdotas o fábulas como las que aquí presentamos, sin necesidad de entablar largas discusiones sobre un tema que se agota con la narración misma? A veces es mejor un buen ejemplo que un mal sermón.

TERCERA REGLA: PREGUNTAR

Después de presentarle a una persona o a un grupo cualquiera los escritos de este libro, formule preguntas abiertas. Algunas pueden ser:

➤ ¿Qué reflexión o idea le evoca esta anécdota?
➤ ¿Qué aplicación le ve para nuestra empresa, nuestra organización, nuestra vida personal?
➤ ¿Cómo podemos aplicar lo aprendido en esta narración?
➤ ¿Se parece esto a lo que vivimos cotidianamente?

Cada persona puede tomarse algunos minutos para pensar y hacer anotaciones, luego se reúne con otras cinco o seis para compartir sus reflexiones. A continuación, en una plenaria, cada grupo comparte con los demás sus conclusiones. Este sencillo ejercicio tiene una potencia enorme para el aprendizaje individual y colectivo.

Posteriormente usted, como líder del grupo, podrá aprovechar este material para enfocar la discusión y reforzar las ideas que más hayan contribuido al objetivo de su reunión.

Cuando se trata de un grupo numeroso, es muy práctico que por cada subgrupo haya una narración diferente, todas conducentes al tema de la reunión: liderazgo, comunicaciones, ética, relaciones interpersonales, etcétera. En la plenaria, cada grupo lee la narración que le correspondió y comparte sus conclusiones.

CUARTA REGLA: TOLERAR

No pretenda que los demás descubran las mismas conclusiones que usted: cada uno tendrá las propias. No descalifique las ópticas diferentes; por el contrario, asúmalas como una forma de enriquecerse. El principio de la tolerancia consiste en saber escuchar al otro, sin recriminarle sus pensamientos ni sus conductas.

QUINTA REGLA: REFLEXIONAR

La mejor manera de aprovechar este libro consiste en abrir la mente y el espíritu a la comprensión, al debate, a la discrepancia. No pretenda hacer tolerancia con dogmatismo. Relativice, vea la realidad como los demás la ven, trate de adivinar los motivos y el contexto de los otros, que son totalmente diferentes de los suyos.

SEXTA REGLA: ESCRIBIR

Si usted ha aplicado alguna parte de *La culpa es de la vaca* y comparte con nosotros su experiencia, podríamos ampliar para otras personas no sólo el número de anécdotas y parábolas, sino también la manera como se han aplicado en el cambio de actitudes y valores, o simplemente en el campo de la convivencia y la tolerancia.

Realizar una construcción colectiva será para nosotros una muestra de que en nuestro país, y posiblemente en el ámbito de los países hispanoparlantes, estamos buscando objetivos similares en materia de convivencia social. Por lo tanto, siéntase en total libertad de escribirnos, hacer su aporte o recomendar otras situaciones o espacios donde estas narraciones puedan utilizarse.

CONTRATO DE ACCIÓN

Dado que siento que hay importantes ideas para mí en este libro, deseo hacer un compromiso para utilizarlas dentro de los próximos siete días.

La siguiente es la idea más importante que he adquirido de este libro y que personalmente deseo aplicar:

_____
_____
_____
_____

Esta es la manera como deseo utilizarla:

_____
_____
_____
_____
_____

Lo que ganaré con ello es:

_____

_____

_____

Alguien con quien quisiera compartir estas
ideas es:

_____

Fecha: _____

Fecha de seguimiento: _____